职业生涯规划引导下
大学生就业创业指导研究

陶媛媛◎著

九 州 出 版 社
JIUZHOUPRESS

图书在版编目（CIP）数据

职业生涯规划引导下大学生就业创业指导研究 ／ 陶
媛媛著． — 北京：九州出版社，2021.7
　　ISBN 978-7-5225-0288-5

　　Ⅰ．①职… Ⅱ．①陶… Ⅲ．①大学生－就业－研究－
中国②大学生－创业－研究－中国Ⅳ．①G647.38

中国版本图书馆CIP数据核字(2021)第137420号

职业生涯规划引导下大学生就业创业指导研究

作　　者	陶媛媛　著
责任编辑	赵恒丹
出版发行	九州出版社
地　　址	北京市西城区阜外大街甲 35 号（100037）
发行电话	(010)68992190/3/5/6
网　　址	www.jiuzhoupress.com
印　　刷	北京旺都印务有限公司
开　　本	787 毫米 ×1092 毫米　16 开
印　　张	11.75
字　　数	210 千字
版　　次	2021 年 7 月第 1 版
印　　次	2021 年 7 月第 1 次印刷
书　　号	ISBN 978-7-5225-0288-5
定　　价	78.00 元

前　言

当前社会相比于以前发生了翻天覆地的变化，其对大学生素质与能力的要求也在不断提高，而随着高校的不断扩招，毕业生的数量也在逐年增加，其竞争压力也越来越大，很多毕业生出现了对社会不适应的现象。其主要有两方面的原因：第一，社会经济发展状况导致就业竞争压力大；第二，大学生未对自己的职业生涯做出合理的规划。就业是毕业生人生中一个非常重要的转折点，是决定毕业生未来生活质量的重要因素，因此，各大高校不得不思考如何帮助大学生做好职业生涯规划，如何在学生毕业之后帮助其找到一份合适的工作，这一问题的解决无论是对于高校大学生来说，还是对于高校本身来说都非常重要。

本书致力于对职业生涯规划引导下大学生就业创业指导进行研究，全书由绪论和九章内容组成，对当前大学生择业、就业与创业进行了细致的分析与研究。首先是绪论部分，绪论部分的内容主要是对大学生职业生涯规划的意义、就业创业的时代趋势以及大学生就业创业的认知进行了细致的分析；第一章对大学生职业生涯规划的实施做了具体的阐述；第二章着重分析大学生就业创业的规划方向，阐述了信息化发展对当前社会发展的作用，同时分析了大学生就业创业的重点领域和地方化趋势；第三章主要介绍新时期时代背景下大学生就业创业的平台，包括搜索引擎、微博营销、微信公众号以及移动互联 App 四大平台；第四章着重阐释当前大学生求职择业的心理调适，对大学生择业的心理准备、心理问题以及心理调适的基本途径进行了列举与阐释；第五章注重于大学生就业实践，主要包括求职材料、笔试指导以及面试指导三个方面的内容；第六章提出了大学生在就业过程中使用到的具体策略，包括大学生的就业权益与法律保障的介绍、就业陷阱的防范以及权益保护方法；第七章着重阐述大学生组织、市场、产品、服务、意识等方面创新思维与就业创业的融合表现；第八章对职业生涯规划引导下的大学生就业创业教育进行了详细的阐释，具体包括大学生就业创业教育的开展、方法创新、课程体系建设途径以及学科化趋势等；第九章则着重介绍分享在职业生涯规划引导下的大学生创业实践，具体包括能力培养、市场调研、物资准备和创新创业实践。

　　笔者在撰写本书的过程中，借鉴和参阅了大量有关于大学生创业就业指导的书籍和期刊文献，在此表示感谢。由于时间紧迫，精力、水平有限，书中难免会有遗漏之处，恳请广大读者批评指正。

目　录

绪　论·· 1

　　第一节　职业生涯规划的意义·· 1

　　第二节　创新创业的时代趋势·· 3

　　第三节　大学生就业创业的认知·· 4

第一章　职业生涯规划的实施··· 7

　　第一节　职业生涯规划的步骤·· 7

　　第二节　职业生涯规划的常见问题·· 10

　　第三节　职业生涯规划的调整与评估·· 17

第二章　大学生就业创业的规划方向·· 19

　　第一节　信息化助力社会发展·· 19

　　第二节　大学生就业创业的重点领域·· 24

　　第三节　大学生就业创业的地方化趋势··· 30

第三章　新时期大学生就业创业的平台··· 34

　　第一节　搜索引擎·· 34

　　第二节　微博营销平台·· 39

　　第三节　微信公众平台·· 49

　　第四节　移动互联 App··· 54

第四章　大学生求职择业的心理调适·· 59

　　第一节　大学生择业的心理准备··· 59

　　第二节　大学生择业的心理问题··· 76

第三节 择业心理调适的基本途径 ·································· 81

第五章 大学生就业求职操作实务指导 ················· 87

第一节 求职材料 ··· 87

第二节 笔试指导 ··· 96

第三节 面试指导 ·· 107

第六章 大学生就业求职策略指导 ···················· 117

第一节 大学生的就业权益 ··································· 117

第二节 就业法律保障 ······································· 119

第三节 求职陷阱防范 ······································· 128

第四节 权益保护方法 ······································· 132

第七章 创新思维与就业创业的融合表现 ·············· 134

第一节 创新思维与就业 ····································· 134

第二节 创新思维与创业 ····································· 136

第八章 职业生涯规划引导下的大学生就业创业教育 ···· 144

第一节 大学生就业创业教育的具体开展 ················· 144

第二节 大学生就业创业教育的教学方法创新 ············· 149

第三节 大学生就业创业教育课程体系的建设途径 ········· 160

第四节 大学生就业创业教育的学科化趋势 ··············· 163

第九章 职业生涯规划引导下的大学生创业实践 ········ 170

第一节 能力培养 ·· 170

第二节 市场调研 ·· 171

第三节 物资准备 ·· 174

第四节 创新创业实践 ······································· 176

参考文献 ··· 178

绪 论

第一节 职业生涯规划的意义

大学生进行职业生涯规划是大学生在校学习期间一个非常重要的内容，其对于大学生未来的工作生涯非常重要。大学生职业生涯规划指的就是大学生根据自身的能力、个性特征、兴趣爱好等主观因素，同时考虑到自己的专业技能为自己制定的一个未来工作方面的计划与目标。职业生涯规划是高校大学生选修课程之一，之所以将其作为大学生大学课程，就是因为学校想要通过这一课程让学生清楚地认识自己，并且希望通过这一课程对学生有所启发，促使高校大学生在毕业之后少走弯路，并尽快找到适合自己的工作。

大学生越是了解自己，其对自己做出的职业生涯规划就越详细、越明确，大学生的未来目标也就越清晰。而明确的职业规划对于学生毕业之后踏入工作岗位来说非常的重要，其可以促使大学生对自己的工作有更高的满意度。可以说，大学生职业生涯规划对于高校大学生毕业后工作的走向有着极其重要的指导作用。

一、职业生涯规划可以增强发展的目的性和计划性，提升成功的概率

社会实践表明，没有明确职业目标的高校毕业大学生通常都很难找到自己满意的工作，他们总是在尝试各种不同类型的工作，但是又在工作一段时间之后选择放弃，再一次寻找新的工作。这主要是因为在毕业之前，高校大学生没有为自己制定明确的职业生涯规划，而是完全以一种摸索、试探的心理走上社会、走向自己的工作岗位，这也是高校大学生毕业后总是在工作方面遭受挫折的重要原因之一。好的开头往往是一件事情成功的关键因素，所以高校大学生在正式走上工作岗位之前应该对自己的职业生涯有一个明确的规划。俗话说得好：不打无准备的仗，机会总是留给有准备的人。由此可见，大学生职业生涯规划对于大学生未

来的工作以及人生走向是多么的重要，明确的职业生涯规划可以增强个人职业发展的目的性和计划性，提升大学生找工作成功的机率。

二、职业生涯规划可以发掘自我潜能，增强个人实力

大学生在做职业生涯规划的时候是以清晰的自我认知为前提条件的，最主要的是大学生要对自己的能力和专业技能有一个正确的评估，这是制定合理的职业生涯规划的基础条件。每一个人都有着或强或弱的潜能，而且这种潜能是在自我与社会达到最佳结合点的时候才能够被释放出来。一份合适的职业生涯规划不仅可以引导大学生走上好的工作岗位、把握正确的人生方向，同时还能够帮助大学生在工作岗位上充分实现自身的价值，并得到别人的充分肯定，使得大学生在工作岗位上绽放光彩。因此可以说，好的职业生涯规划有利于个人潜力的开发，大大增强个人的竞争能力，促使人生目标的实现。

三、职业生涯规划可以帮助个人应对困境、战胜挫折，完善逆境情商

好的职业生涯规划不仅可以帮助大学生找到合适的工作岗位，同时还能够帮助大学生应对工作中遇到的挫折与困难。任何一个人在踏入社会之后都不可能像在学校一样一帆风顺、没有压力。对于人生的困难与挫折，有的人能够勇敢地面对与解决，而有的人却选择了消极应对与逃避。那些选择逃避困难的人不一定就是在大学中表现较差的人，反而一些成绩较好的学生更容易陷入焦虑，更容易选择逃避，更容易经不起打击而选择放弃。这一类的人并不是没有工作的能力，而是缺乏一种叫作逆境情商的东西。往往在事业方面有所成就的人，他们通常都既具有较强的工作能力又具有较高的逆境情商，因此，能够用于面对逆境并且能够勇敢地从逆境中走出来的人才更有可能获得成功，才更有可能走向自己事业的巅峰。而职业生涯规划恰好可以帮助高校大学生勇敢地面对困境、战胜挫折，同时也有助于完善大学生自身的逆境情商，提高人生成功的概率。

从本质上来说，职业生涯规划实际上就是个人为自身制定的一份职业发展计划，制定了这一计划就意味着大学生面对毕业后找工作是有所准备的，而机会总是留给有准备的人，所以善于对自己进行职业规划的人通常更容易取得成功。

第二节 创新创业的时代趋势

一、创新创业的时代背景

2006 年，国家指出应在全国范围内推进创新驱动发展战略，认为国民经济整体发展离不开创新驱动发展。之后国家把创新列为五大发展理念的首要理念，并明确表示，要持续进行创新，这是国家整体发展的中心力量，要在理论、制度、科技、文化等不同领域实现创新，将创新与国家所有工作联系起来，在全社会形成一股创新浪潮。为此应推动大众创业、万众创新，培育和催生经济社会发展新动力。

我国政府认为应打造大众业、万众创新和增加公共服务"双引擎"，推动发展调速不减势、量增质更优，实现中国经济提质增效升级。社会各个领域齐发展才能实现经济的大增长，创新也同样如此，集中不同行业人员的力量，共同投入到创业的潮流中，才能形成经济发展所需要的源源不断的生命力，为产业带来更多的技术和产品，使经济的发展变得多元化。也能够为市场引入更多的人才，解决更多人就业的问题，并使我国的经济往更好的方向发展。

创新和创业是紧密联系的，创新能够保证创业持续立足和开拓市场。可以说，只有基于创新的大众创业才能为社会带来更多的生产力和生命力，发展更多的经济渠道，只有包含"创新"的创业才算真正的"创业"。

二、就业创业的重点

（一）鼓励大众创新创业

使市场经济链条变得更加丰富和多元化，为市场带来生产力和生命力，从而推动社会的改革与发展，给经济的发展带来更多的空间。科技革新，带动社会生产力提高，加上政策支持，会有越来越多的人投入到创新创业的浪潮当中，为社会的发展做出贡献。

（二）强调互联网的发展

未来是一个属于互联网的时代，互联网能够为我们带来更多的可能性，也是需要我们继续开拓、不断发现的新领域。为此，不仅要适应时代的变化，还要鼓励大众勇敢地走在发展的前端，引领市场发展的趋势。

第三节 大学生就业创业的认知

根据调查分析可知，在校大学生和应届毕业生是就业创业人群中的主力军，国家和各级政府为其就业创业提供了必要支持，主要表现在相关优惠政策的持续制定方面。这往往是与大学生都是高素质人才有关，他们背负着社会和家庭的共同盼望。此外，现在大学生的就业环境也不容乐观，对于未能就业或者不想就业的大学生们，创新创业也是一条实现自我梦想的途径。

在就业创业人群中，大学生往往有着自身优势，这些优势包括综合素质高、思维敏捷等。

一、大学生就业创业的优劣势

（一）大学生就业创业的优势

第一，大学生的文化程度高，学历大部分是本科以上，对很多事情都有自己独特的见解；

第二，自主学习知识的能力强；

第三，能够迅速接受新鲜事物，甚至引发新一轮时尚；

第四，思维活跃，敢想敢干；

第五，能够将学到的技术运用于就业创业中，可以在互联网上搜索到很多有价值的就业创业信息；

第六，有自信，对认准的事情充满热情；

第七，年纪轻，精力旺盛；

第八，父母支持大学生就业创业。

（二）大学生就业创业的劣势

第一，就业创业经验缺乏；

第二，没有对就业市场与创业项目有着清晰的认识，就业创业行业很快在市场中被淘汰；

第三，商业信用比较低，刚刚走出校门的学生们信用还是空白，所以社会融资或银行贷款都比较难；

第四，"看看再说"是很多年轻人的问题，预期岗位与项目不能适应市场，对市场风险的预计也不足；

第五，眼光高，动手能力差，对第一桶金青睐有加，而对第一分钱不屑一顾；

第六，没有形成独立的人格，对社会和家庭付不起责任；

第七，大学生对失败接受能力差，碰到失败就会回头；

第八，刚毕业的大学生在社会中往往得不到别人的信任。

二、大学生就业创业的问题

（一）方向难寻

除了正常就业之外，现在许多大学生都对创业青睐有加，然而关于所要创业的项目却知之甚少；大部分刚走出校门的学生无法在短时间内将学校获取的知识技能成功地应用于实际工作中，不知如何在职场中找准自己的定位，进而向社会、家庭和企业证明自己，实现自我价值。

（二）资金缺乏

大学生一直在校园里学习生活，没有固定收入，因此他们要想自主创业，资金对他们而言是首先要解决的问题。而资金的来源大多为家庭。但大部分家庭又很难满足孩子的这一需求。尽管各级政府都制定了多种政策扶持，但是优惠政策的作用毕竟很有限，此外办理手续复杂严格也是大学生们准备创业资金的一项难题。因此，正常就业，从基层开始就成为广大大学生的主要选择。

（三）社会经验欠佳

大学生在进入社会之前接触最多的就是校园和家庭，与社会的联系比较少，在社会中锻炼的可能性比较低，因此刚走出校门就迈向就业创业的道路，遭遇挫折是非常正常的。鉴于此，刚毕业的大学生在就业创业前必须通过合理的方式对自己的就业创业能力和条件进行分析，对自己的求职价值观、承受失败的能力、创业决策的能力等各个方面都有详细的认知；同时还要对就业创新的市场进行全面调查分析，对市场的信息有一个及时准确的了解；做好市场风险的估测，创建市场风险的应对方案；构思自己的营销策略，等等。

（四）管理能力有待提高

尽管大部分大学生就业创业前都组建了自己的小团队，团队中不乏知名高校的毕业生，但他们的主要问题就是缺乏团队管理经验和能力。在企业中，团队成员往往是一些志同道合的伙伴，这种情况有利也有弊，优势就是团结协作的工作氛围浓厚；弊端就是管理难度增加。虽然团队成员的学历都很高，但学历与管理能力不能画等号，而且想要在短时间内具备或提升实际管理经验是不现实的。

（五）人脉不足

创业成功的一个条件是拥有丰富的人脉，对于一个刚起步的小微企业来说，通常需要与此相关的各个行业的大力支持。创业者需要尽全力调动一些便于创业的因素。但刚走出大学校门的创业者并不具备这些条件。虽然有些大学生在学校结识到许多成绩较好的同学，但从创业方面来说，他们仍处在相同水平，对创业行为帮助不大。

第一章 职业生涯规划的实施

第一节 职业生涯规划的步骤

罗双平是非常著名的职业生涯规划专家，他曾指出职业生涯规划必备的要素有三个，即知己、知彼和抉择，如图 1-1-1 所示。在这里，"知己"的意思就是规划者对自身所具备的条件有一个全面、深入而清晰的认识，同时对自身的性格特点、情趣爱好等也有一个大体的把握；所谓的"知彼"指的就是规划者对自己想要从事行业的环境、性质、工作内容以及其他信息的了解与把握；所谓的"抉择"指的就是规划者在做到"知己"和"知彼"的基础之上所选择的职业目标或者给自己做出的职业定位，这一职业目标或者职业定位必须是符合自身现实的、与自身能力与特长相适应的，否则就不能算作是合理的、明智的目标或者定位。

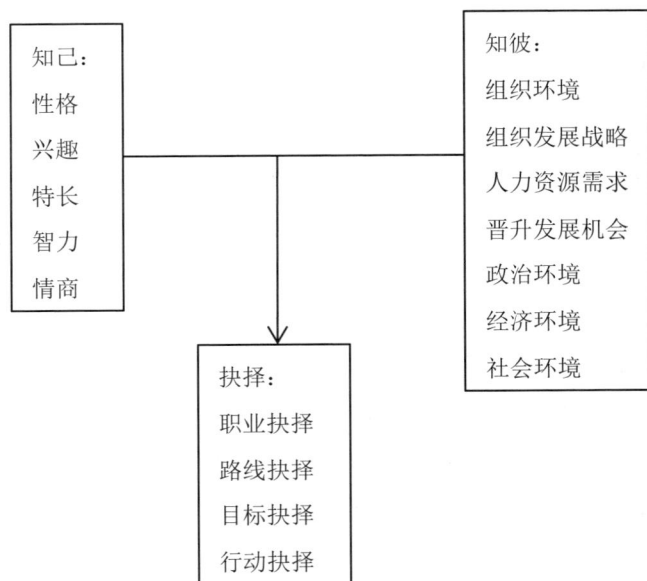

知己：

性格
兴趣
特长
智力
情商

知彼：

组织环境
组织发展战略
人力资源需求
晋升发展机会
政治环境
经济环境
社会环境

抉择：

职业抉择
路线抉择
目标抉择
行动抉择

图 1-1-1 职业生涯规划三大要素之间的关系与具体内容

完整的、有效的职业生涯规划除了要具备上述三个要素之外，还要经历五个重要的环节，即自我评估、外部环境分析、职业决策、计划的制定和实施、反馈评估。这些环节比并不是所有的职业生涯规划中都必须涵盖的内容，其也可以根据规划者不同的个人特点进行调整与改变，只能说这五个环节是制定好的职业规划的基本步骤，可以帮助高校大学生制定出合理的、较为完善的职业生涯规划。下面对这五个重要环节进一步地详细论述。

一、自我评估

首先，自我评估是职业生涯规划三大要素中"知己"的重要组成部分，其也是职业生涯规划的第一个重要环节。可以说，自我评估是规划者做职业规划的前提基础，同时也是生涯规划具有较强可行性的前提条件。一份好的职业生涯规划要求规划者必须对自身有一个全面、深入而清晰的认识。规划者通过对自身各项条件的分析，可以更加深入地认识和了解自己，只有在认识和了解自己的基础上才能够制定出一份适合自己未来发展的、合理的、可行性强的职业生涯规划抉择。

自我评估的内容是与自身有关的一切因素，包括个人性格特点、个人兴趣爱好、个人能力特长、个人的"三观"、个人的情商等，即所有与个人有关的主观与客观的一切。换句话说就是规划者要清楚地知道"自己是谁""自己要做什么""自己能够做什么"，这三个问题是任何职业生涯规划者都无法逃避而必须认真回答的问题。通常情况下，个人对自身情况的认知总是片面而不深入的，所谓"当局者迷，旁观者清"，因此规划者在做自我评估的时候应该善于听取别人的意见和建议，以便规划者对自己有一个更加全面而真实地了解。

二、外部环境分析

自我评估是制定职业生涯规划的前提条件，满足这一条件之后规划者还需要对外部环境进行认真分析。外部环境分析是"知彼"要素的重要内容之一，每一个人都是社会中的一分子，都具有鲜明的社会性，都存在于社会环境中，所以外部环境分析也是个人职业发展的重要影响因素，其影响着规划者的职业抉择。职业生涯规划者在做职业抉择的时候需要对环境因素做充分而全面的考虑，适当地顺应外部环境，能够做到趋利避害，以最大限度地发挥出自身的优势与潜能，促使个人职业目标的实现，为未来事业的成功打下坚实的基础。

外部环境的分析重要包括四个部分，即政治环境、经济环境、社会环境和组织环境。

三、职业决策

明确个人的职业目标就等于规划者的事业成功了一半，所以归根结底来说，规划者之所以要制定个人职业生涯规划，还是在未来能够实现自己的职业目标，使自己在工作岗位上更加的顺利，获得更加理想的美好生活。所以说到底，职业抉择才是高校大学生进行职业生涯规划最核心的部分。这里所说的职业生涯目标指的就是规划者能够预想到的、具有实现的可能性的最长远目标。通常情况下，职业目标的确立也是有依据的，不是空想出来的，其是依据规划者个人素质和社会环境来确立的人生目标，而且这一目标是长期且长远的。在确立了长远的目标之后，规划者还需要进一步制定目标实施计划，可以将这一长远目标分解成多个短期目标进行逐一实现。

四、计划的制定与实施

在制定了合理的职业生涯规划之后就需要规划者对这一整体规划实施，那么在实施的过程中就需要再次制定详细的计划，通过一定的策略、措施促使计划的实施，以保证职业生涯规划目标顺利实现。路是一步一步走出来的，规划也是一步一步实施的，因此规划者在实施规划的过程中不能操之过急，应该有耐心，步步为营，只有这样才能促使规划者在实施规划的过程中少走弯路。需要注意一点的是，规划者采取的策略和措施应该是具体的、可行的，且容易评价的。这一规划策略和措施包括职业生涯发展路线、教育培训安排、时间计划等方面。

五、反馈和评估

社会现实是瞬息万变的，社会环境也会随之发生改变，而且当前社会还伴随着各种不确定因素，因此高校大学生已经制定好的职业生涯规划很有可能就与社会环境不相符合，与社会现实存在一定的偏差，俗话说得好"计划永远赶不上变化"，这也是对当前社会环境多变的真实反映，尤其是经济高速发展的现代，这也领域几乎每天都有新鲜事物发生，"世界上唯一不变的就是变"，因此规划者应该提前有一个心理准备，随时准备应对多变的社会环境与多样的职业变化，并且根据现实情况对自己原有的规划进行必要的、适时的调整与改变。这个时候，我们所做出的职业生涯规划的反馈与评估就起到了一定的作用，这一评估需要有相应的风险评估，因为任何事情都存在或高或低的风险，高校大学生所制定的职业生涯规划也是一样，也存在一定的实施风险，因此高校大学生应该对自己制定的职业生涯规划进行客观而科学的评估，然后根据评估做出反馈与回应，这对于高校大学生实现职业生涯规划具有重要的意义。与此同时，规划者也需要不断地对自身条件做出评估，自我评估也是自我认识、自我提升、自我完善的一个有效途径。由此可以看出，反馈与评估不仅对职业生涯规划的实施有重要作用，同时对于自我提升和自我完善也有着重要的作用。

第二节 职业生涯规划的常见问题

制定出适合自己的职业生涯规划是每一位大学生都必须做的事情，其对于高校大学生未来就业有着十分重要的导向作用。在做职业生涯规划的过程中，高校大学生也可以重新认识自己，并且根据自身的兴趣爱好、专业技能等，与所学专业、外部环境特点相结合，从而选择适合自己的职业。在选择了适合自己的职业之后，需要采取一定的策略和措施对规划实施，以促进人生目标的实现。需要明确的是，并不是每一位同学都能够制定出合适的职业生涯规划，有很多同学由于对自身情况认识不足、对就业环境缺乏了解等因素，致使规划者在对职业生涯进行规划的过程中出现很多问题。下面是笔者就高校大学生在制定职业生涯规划的过程中遇到的普遍问题，并且对问题进行了较为详细的分析，以此促进高校大学生制定出更加合理的职业规划。

一、认识自我中存在的问题

（一）缺乏个人志向

志向能够反映出一个人向往着怎样的未来，是一个人人生理想的体现，也是高校大学生未来人生走向的重要向导。一个人要想取得事业上的成功，就必须首先具备远大的志向，然后在志向的指引下努力奋斗，实现个人人生目标。一个人如果连最基本的志向都没有，那就无从谈起目标的实现，就无从谈起成功。因此，人要想获得一番成就，首先要做的就是立志，树立远大的志向，并且在志向的指引下，克服人生路上的各种困难，为实现人生理想打下坚实的基础。由此可见，立志是高校大学生首先要做的事情，在进行职业规划的过程中也应该体现自己的人生志向，而不是脱离志向，脱离目标盲目制定。从目前大学生制定的职业生涯规划来看，大部分学生都缺乏明确的个人志向，对于自己的人生都缺乏准确的定位。因此，高校大学生在制定职业规划的时候首先要做到就是解决缺乏志向这一问题。

（二）认识自我的途径单一

经过调查发现，高校大学生有88%以上的同学在自我认识这一方面都缺乏科学的途径。高校大学生绝大部分在认识自己的时候都是通过职业生涯测评系统，这是他们认识自己的唯一途径，由此可以看出，高校大学生在认识自己的途径这一方面较为单一，缺乏多样性。事实上，高校大学生除了可以通过职业生涯测评系统认识自己外，还可以通过任课老师对自己的评价、辅导员对自己的认识与评价以及班主任对自己的评价，甚至还可以咨询自己的同学，倾听他们的观点与看法，这些都是大学生获得自我认识的有效途径。除此之外，高校大学生的父母、兄弟姐妹或者亲戚也都是高校大学生获取自我认识的有限来源。因此，高校大学生不应该只局限于通过评测系统获得对自己的认识。高校大学生在制定职业生涯规划之前除了要遵循自己的志向之外，还应该综合考虑别人对自己的客观评价，善于听取别人的意见和建议，与老师、家人和朋友多沟通、多交流，充分认识自己，在听取别人意见和充分认识自己的基础之上制定出适合自己的合理的职业生涯规划。

（三）认识自我缺乏全面性

大部分高校大学生在认识自我的时候都是比较片面的，他们往往都只认识到自身的兴趣爱好、性格特长、个人优势与劣势等主观因素较强的方面，很少能够对自己的情商有一个清晰的认识，而情商对于走入职场的大学生来说又恰恰是非常重要的。智商也好，学历也罢，这些都是高校大学生进入职场的"敲门砖"，而真正影响高校大学生职场成就的却是大学生的情商。

情商（emotional quotient，简称EQ）又被人们称作为情绪智力，其是由心理学家提出来的概念，这一概念与智力和智商相对应。情商包含多方面的品质，包括一个人的情绪、情感、意志等。以前人们都认为，一个人是事业方面能否取得成就，其智力因素是最为重要的，也就是说智商越高，事业的成功率就越高。但是随着近几年心理学的发展与成熟，有心理学家认为一个人的情商也对人生事业的发展起着举足轻重的作用，甚至有的时候还超过了智力因素的影响力。"情商"这一概念最早是由美国心理学家丹尼尔·戈尔曼提出的。丹尼尔·戈尔曼认为，一个人能否成功的决定性因素不是智商，而是情商。他还认为，情商一般包括以下五个方面：

第一，能妥善管理自己的情绪，即能调控自己。

第二，认识自身的情绪，只有认识自己，才能成为生活的主宰者。

第三，自我激励，它能够使人走出生命中的低潮，重新出发。

第四，认知他人的情绪，这是与他人交往，实现顺利沟通的基础。

第五，人际关系的管理，即领导和管理能力。

如果要测试的话，情商的水平往往比智商的水平要难测的多，一般说来，智商可以用分数清晰地表示出来，而情商严格意义上来说是很难用准确的分数进行表示的，它通常只能根据一个人的综合表现来进行综合性的评价与判断。拥有高情商的人通常有以下几个方面的表现：有着较强的社交能力、性格外向热情待人、不易陷入恐惧与伤感的情绪中、对事业努力而投入、为人比较大方且正直、富有同情心，不仅如此，高情商的人还具有较强的独处能力，而且不管是独处还是与他人相处都显得怡然自得、大方而自信。因此，高校大学生在制定职业生涯规划的时候应该注意对自己有一个全面而清晰的认识，尤其是在情商这一方面，一定要有明晰的认识，如果情商偏低的话还应该在未来的职业生活中刻意地提高自己的情商，以促使在事业方面有一个更好的发展。

（四）兴趣、经验和能力的展示与未来职业目标关联度不大，未突出自己的职业能力优势

还有一些大学生所展示出来的兴趣爱好、经验和能力与自己未来的职业目标关联度不大，在制定自己的职业生涯规划的时候也未能够充分体现自身的优势。比如，有些高校大学生的兴趣爱好是旅游，但是自己的职业选择却和旅游没有任何关系，可能最后做了老师或者是医生，这样的例子还有很多。除此之外，还有很多学生会罗列许多与职业生涯规划没有关系的个人实践活动或者履历，这些实际上对于高校大学生的职业规划并没有意义。

事实上，真正有意义的做法应该是，高校大学生的兴趣爱好、社会实践、经验积累的展示应该和职业规划中的未来职业有一定的关联度，这样制定出来的职业规划才会更加的科学、有效，也具有一定的现实意义和可行性。高校大学生在考虑到个人主观因素的时候，首先应该清楚这一因素对自己的未来职业是否有利，如果没有意义的话也就不用将其考虑进去。学生在综合各种因素完成了职业生涯规划的制定之后就可以开展与职业规划有关的社会实践活动，以增加自身的实践经验，为以后的工作积累经验。在这里举一个例子，比如某大学生的职业规划是教师，那么该生接下来从事的社会实践就应该是教学方面的，而不应该是其他的不相关活动。

除了上述提到的几点之外，高校大学生在自我认识的过程中还应该注意以下几个方面：首先，高校大学生不要对过去的经验太过在乎，因为职业规划是属于未来的；其次，高校大学生可以听取别人的意见和建议，但是不要过分地依赖他人的看法或者建议；再次，高校大学生在制定职业规划的时候一定要有清醒的头脑，如果情绪不好的话就不要做出任何决定或者决策；然后，高校大学生应该充分地利用现有生涯干预服务中的各种工具；最后，高校大学生可以增加自身的工作经历，通过不同的工作经历加强自我认识，需要注意的是高校大学生应该注意

在工作中的感受，最终选择出适合自己的工作岗位。

二、分析外部环境时存在的问题

（一）环境分析缺乏特殊性

高校大学生在对自己所处的外部环境进行分析的时候都缺乏一定的特殊性。很多高校大学生在介绍对自己产生影响的环境时，都只注重介绍自己所处的家庭、学校、社会（政策、法律）等。而在介绍自己的家庭环境的时候，就着重介绍自己家庭状况的好坏、家长对自己的期望，而对自己的家庭文化却忽略了。在对自己的学习环境进行介绍时，也只是简单地介绍学校的自然环境、而没有介绍学校的人文环境、在社会上的认可度、校园文化以及自己的专业成绩等。这些都是高校大学生对外部环境认识缺乏全面性的表现，而且这些特性也都是外部环境的普遍特性，而缺乏对外部环境特殊性的认识与介绍。

高校大学生在对就业形势进行评估的时候，看问题往往还是从宏观的角度出发，而缺乏对微观方面的认识，从而犯了"大而全"的错误，在认识上缺乏一定的针对性和特殊性。比如有英语专业毕业的高校大学生想在深圳找工作，那么他就应该提前对深圳的英语专业市场需求做一个全面的分析，除此之外，还要分析深圳市场的英语专业供需关系、竞争对手的质量与数量等，只有将这些具有特殊性的问题都考虑清楚了才算是全面而深入的外部环境分析。

（二）对职位所需的能力关注度不够

高校中大部分的大学生都能够对自己所要从事的行业进行较为详细的分析，比如针对该行业的政策扶持、行业未来发展走向等，但是对职位所需要的个人能力高校大学生却是缺乏深入了解的。高校大学生想要从事某一职业，就必须对这一职业的能力要求有一个非常清晰的认识，只有清楚的认识职位能力需求并且使自己符合职位要求，才能够成功地走上自己心仪的工作岗位。除了要了解职位需求之外，高校大学生还应该知道这一职业的工作内容、工作环境、任职条件等。其中，任职条件非常重要，它包括高校大学生应该具备的职业知识、职业能力、职业经验以及职业所需资格和等级证书等，同时大学生还应该培养自身的职业兴趣，对自己的工作充满热爱与热情。那么高校大学生怎样才能获取职位所需能力的信息呢？一般都可以通过网络进行查询，只要在网络搜索页面中输入想要查询的职位名称就可以出来相应的职位能力要求。对职位能力需求的了解对于高校大学生应聘工作职位有着非常重要的作用，它可以决定自己是否被录用。

（三）对行业、职位了解的途径单一

高校大学生有很大一部分都是通过互联网对自己所要了解的职位信息进行搜索，互联网的功能固然强大，但是如果不是通过正规的渠道或者网址的话，对职位的了解就不会那么的透彻，高校大学生过分地依赖互联网，由此会导致高校大学生对行业、职位的了解途径较为单一。除了互联网，高校大学生其实还可以通过人才招聘会、行业展览会、专业协会等渠道对行业、职位信息进行了解，同时也可以问问同专业的师兄、师姐，这样得来的行业和职位信息通常更加真实，有意义。

三、职业定位中存在的问题

高校大学生在对自己未来职业进行定位的时候往往会存在各种问题，其中普遍存在的问题主要有三个，即所学专业与职业之间的关联度很小、大学生对自己的职业目标定位，过于理想化、职业定位不明晰，具体下所示。

> **所学专业与职业之间的关联度很小**
>
> 部分学生在做职业定位时，并没有把自己专业、能力与企业职业所需能力一一对应起来。例如，专业是中文，职业目标是高级心理咨询师；专业是行政管理与计算机，但是职业是会计。抛开自己的专业，从事别的职业，不是不可以，但要具体分析自己所要从事的职业，自己在大学时期有没有这方面的知识储备，有没有这方面的社会实践。

> **职业目标定位过于理想化**
>
> 大学生缺乏对行业、职位详细信息的了解，体验不到真实的职业环境，目标的订立有些理想化，而具体行动计划又脱离实际。80%以上同学的目标是今后成为社会精英，如大学教授或总经理、董事长等。比如专科生，选择的职业偏偏是大学教授。理想的计划应该是专科毕业后考专升本，本科毕业后，参加考研，然后读硕士、博士，最后在大学里教书，慢慢评上教授。职业规划中有远大的理想固然好，但一味地追求速成，在择业中会出现眼高手低的现象，结果反而是欲速不达。学生最好根据自己的专业知识做出合理的职业规划，最重要的是抱着积极而又务实的心态，从低层做起并积累经验。

职业定位不明晰

高校大学生虽然制定了一定的职业规划，但是没有谈到选择职业目标的原因，以及达到目标的途径，达到目标所需的能力、训练和教育等；也没有提到达到该目标可能得到的助力和可能遇到的阻力。

四、计划执行中存在的问题

（一）计划可操作性不强

高校大学生在制定实施计划的时候往往存在操作性不强这一问题。一些高校大学生在制定个人计划的时候没有考虑到现实情况，计划制定的过于理想化，因此其可操作性不强。比如一位想要从事英语口译工作的高校大学生，其针对自己的目标制定了一系列的实施计划，但是这些计划都是非常理想化的，没有考虑到生活中实际还有很大的变数。就拿这一事例来说，高校大学生给自己制定了每天要进行十篇阅读的翻译练习，这样的练习量如果是大学生什么事情都不做的情况下是有可能完成的，但是计划赶不上变化，有可能第二天就只完成了两篇。因此高校大学生没有结合自己的生活实际进行计划的制定与实施。除了计划不可行之外，还有的大学生在目标制定这一方面缺乏精确性，比如某高校大学生的目标是口语好，但是这实际上就是一个模糊目标，因为他没有规定自己的口语要好到什么程度，因此这样的目标也是不具有可操作性的。

高校大学生在制定实施计划的时候，应该将其划分为两个阶段的目标，即总体计划和阶段性计划。总体计划就是高校大学生做出的毕业后的总体职业目标，总体计划一般只有一个；而阶段性目标应该有两个或者两个以上部分组成：一部分是大学生在校期间所制定的计划；另一个就是大学生在毕业之后做出的目标计划。需要注意的是，大学期间的计划应该较为具体详细，具有可操作性，这一时期的计划不仅要有学年计划，同时还要有学习计划；不仅要有月计划，同时还要有日计划。大学生应该充分地利用在大学中的每一天，用每一天的努力换取最后目标的实现。高校大学生除了每天都要上专业课之外还应该制定读书计划，读书可以增加一个人的魅力，提高一个人的能力，为以后找工作打下坚实的基础。

高校大学生还需要注意在自己制定的计划中，还要有一些提高学习效率的措施，因为每一个人的时间都是有限的，要想在有限的时间里学到更多的知识就需要提高自己的学习效率，让自己在有效的时间内比别人学得更多。不管是总计划，还是阶段性的计划，其都应该具有较强的可操作性，因为没有可操作性的计划等于没有计划，没有任何意义，对大学生也没有任何帮助，只能算是摆设罢了。

（二）重考证，轻实践

很多的高校大学生在校期间都会考取很多的证书，比如计算机证书、英语四、六级证书、普通话证书等，但是在真正的毕业之后又有多少证书是自己所需要的呢，因此现在的高校大学生大都存在注重考证但是轻视实践的问题。对于高校大学生未来找工作来说，社会实践是非常重要的，很多工作单位在招聘人才的时候都会强调经验。而且，高校大学生也可以通过社会实践检查自己在校学习的知识是否有用，自己有哪些知识是还未掌握的，未来的职业需求自己还有哪些未达到，在具体实践中高校大学生也能感受自己是否真的适合某一职业。比如高校大学生学习的是师范类的专业，但是在社会实践中却发现自己并不适合教师这一职业，那么在接下来的大学生生活中就应该尽快找到适合自己的并且自己擅长的职业，并且努力掌握与这一职业相关的职业技能。因此可以说，社会实践对于高校大学生未来的职业走向来说非常的重要。

五、反馈修正中存在的问题

（一）对反馈修正这一步骤缺乏重视

高校大学生在制订并实施了自己的职业计划时，应该每天晚上对自己的行为进行评估与反思，然后对第二天的工作和计划进行布置与思考，而且大学生对自己的反思与评估应该每天晚上都坚持施行。但是恰巧很少有同学能够做到这一点，大部分同学都过着得过且过的生活，有没有完成目标并不重要，实际上这对于高校大学生职业目标的实现有着非常严重的阻碍作用。因此，高校大学生必须对反馈修正这一步骤足够重视起来，只有每天都对自己进行反思、评估，自己的行为才会越来越进步；只有对自己的错误行为进行及时反馈与修正，未来的职业目标才会一步一步地得到实现。

（二）计划目标与备选目标之间缺乏内在联系

所谓的计划目标指的就是高校大学生原本想要从事的职业工作；而备选目标指的就是高校大学生无法完成自己的原始计划目标，从而选择了其他的职业目标。这样做并不是不可以，但是一定要注意二者之间的内在联系性，从目前我国高校大学生的职业规划中可以看出，有很多大学生的计划目标和备选目标没有内在关联性。比如一名高校大学生的计划目标是成为一名广告营销者，备选目标是保险公司的营销人员，实际上这样的计划目标和备选目标之间是具有一定的内在联系性的。但是假如一名高校大学生的计划目标是互联网工程师，而备选目标却是律师，这两者之间实际上是行不通的，因为成为律师的前提是要具有律师资格证书，而这个证书往往是非常难考的，需要具有足够的专业知识和极强的专业能力，那么这样的备选目标实际上对计划目标来说就没有起到反馈修正的作用，是几乎没有意义的。

综上所述，高校大学生在确立备选目标的时候应该根据自身的主观因素和客观因素，同时还要考虑到社会的需求变化等，并且备选目标应该与计划目标相适应，对计划目标起到反馈与修正的作用，以优化自身的职业生涯规划。

综上所述，我国高校大学生在做职业生涯规划的过程中存在着诸多问题，即自我认识简单化、环境分析普遍化、职业定位理想化、计划执行考证化、反馈修正省略化等。高校大学生对于这些问题应该刻意地避免，尽量使自己在找工作中少走弯路。

第三节 职业生涯规划的调整与评估

高校大学生之所以需要对职业生涯规划做出调整与评估，其根本目的就是为了使自己的职业生涯规划越来越贴近于实际，越来越具有可操作性，以促使高校毕业生在实现职业规划目标的道路上少走弯路。

高校大学生应该进场进行自我反思，反思是一个人提升自我的重要途径。前面已经提到，职业目标的实现可以分阶段进行，因此大学生可以以自己的短期规划为单位，对自己的每一次短期规划实施情况进行系统而全面的评估，这个时间可以是四个月一次，也可以是半年一次，时间间隔不能太密，但是中间隔的时间也不能太长。高校大学生在努力了一段时间之后，对自己努力的过往进行回顾与反思，检查计划实施过程中存在的问题，并且在阶段目标实现过程中改正自己的缺点和不足，使自己不断地完善，也为下一个阶段目标的实现打下坚实的基础。

高校大学生在对自己的职业生涯规划进行评估的时候，可以将自己的短期目标、中期预定目标的最终实施结果进行对照，以查看不同阶段目标实施的不同情况。通常情况下，无论是什么形式的评估，其归根结底都是自我素质和自身行为对现实环境的适应性判断，对自己的现有价值进行理性的分析，尤其是要对变化了的环境做出及时的反应，然后进行及时修正。

首先，高校大学生在对自己的职业生涯规划进行调整与评估的时候应该抓住重点。任何领域的评估与调整都很难做到面面俱到，高校大学生在对职业生涯规划进行调整与评估的时候也应该有所侧重，针对规划中重要的部分或者与现实不相适应的部分进行调整，然后挑重点方面对规划做出评估，比如对目标的评估，对重要实施方案的评估等。

其次，对职业的最新需求有所了解。高校大学生应该善于察觉当代社会目标职业的动态变化，这一变化包括内在职业需求变化，也包括外部就业环境的变化，高校大学生在对规划进行评估与调整的时候应该紧密结合这一内外变化，制定出更加合理的、能够适应社会发展的新的职业规划。与此同时，高校大学生的计划实施策略也需要进行适当的调整，以跟上时代的发展与进步。

再次，高校大学生在对职业生涯规划进行评估与调整的时候应该善于找到调整和评估的突破口。无论是评估还是调整都不是盲目进行的，而是要有所针对，有所侧重，针对规划中明显落后的、与时代发展不相映衬的部分进行修正与调整。

最后，在职业规划实施的过程中关注于自身存在的弱点。根据木桶理论，人们成功与否往往并不是取决于长的那块木板，而是取决于短的那块。因此高校大学生在对自己进行评估与反思的过程中，应该抓住自身存在的弱点，进行及时地补救。

第二章 大学生就业创业的规划方向

第一节 信息化助力社会发展

一、信息化打破传统产业

信息化战略的提出以创新 2.0 为背景，是社会经济发展的必然阶段。从本质上看，推行信息化战略即优化生产要素的配置方案，增强信息化企业发展的创新能力与生产能力，为新业态的出现与发展提供更加有利的环境。

（一）信息化加速传统产业的转型与升级

信息化助推传统行业升级换代后，带来的新收入会远远大于过去，这被视为全球发展的共同方向。在信息化技术的作用下，新决策理念与商业模式不断涌现，推动了国民经济发展的结构，加速了传统产业的转型与升级，使信息技术进一步融入传统产业之中，从而让企业不断积累核心竞争优势。例如，位于浙江省嘉兴市的镇级毛衫产业在信息化战略思想的指导下，政府与信息化企业之间建立了深度合作，借助企业云平台技术的优势，围绕毛衫产业确认了智慧型产业发展方案，令传统产业取得了转型的成功经验，新的产业常态随之产生。

截止目前，当地已有超过 2 万家的电商企业，每年实现的交易额约为 680 亿。在可预见的未来，现代化的信息技术应用将会在当地进一步发展，令新产业形态的基础变得更加稳固，以产业竞争优势带动地区传统产业工作模式的升级。

（二）信息化催化社会经济发展

信息化理念催生了社会经济发展模式的升级，即商业模式的创新。除此之外，传统社交方式、社会生活形态也同样发生了改变。可以说，传统产业向信息化方向的转型具备渐进性特点，消费需求对信息化融合实体经济的转型策略产生了倒逼作用，这让流通业在效率与水平上有所改善，流通业的传统格局、形态明显变化，数据传导机制自身的优势促使了产业上下游企业之间的进一步联系，这对于传统产业的升级来说产生了积极影响，以制造业为例，在这一原理的作用下，具备国家特色的工业 4.0 时代已然到来。

（三）信息化使企业在竞争中获取机会

电子商务刚刚兴起时，许多培训公司指导商户如何在互联网上开自己的网店，如设计网页、陈列商品、选择支付方式、连接库存系统。许多实体店铺在花费几万元或者几十万元开设网店后，以为可以一劳永逸，但后来许多人发现，因为没有人去访问，这些"没有店铺租金"的网店生意惨淡。信息化在形态上具备自由化特点，即不存在中心形态，对于企业而言，流量是获取客户的关键，企业只有掌握了流量优势才能够在日益紧张的市场竞争关系中赢得机会、积累客户。对于企业而言，流量可被视为维护客户关系的必要元素。

在信息化时代，随着沟通效率的提升，衡量商家与用户的距离的刻度，已经从一个模糊的概念"地段"，变为更加精准的概念"流量"。在移动互联时代，随着沟通效率的提升，衡量商家与用户距离的刻度，已经从"地段"变为"流量"，并同时向"时间"转变。基于信息化环境的市场竞争，从本质上可被理解为时间竞争。

（四）信息化有利于经济活动取得利益

信息技术的出现，令经济活动获取效益的渠道更加畅通，企业获取的效益层次也相应提高，由于信息不对称而出现的距离也有所缩短。商业领域内的沟通效率也因此而明显提高，边缘化商业模式逐渐消除，信息不对称问题所产生的负面效应弱化。商业领域正朝着全面信息化的方向发展。回顾此前 20 余年里商业领域发展所遵循的路线可以发现，信息技术为商业领域带来了更好的发展环境。传统商业模式中存在着无法避免的信息不对称问题，而基于传统商业模式而成长的企业被视为"传统企业"。信息化的企业转型模式对企业所产生的影响表现在两方面：第一阶段，即减法阶段，到第二阶段的信息化加法，传统企业需要了解这些信息化的变化、影响、阶段、模式后，才能找到自己的定位，找到自己的信息化之道。

二、信息化推动产业融合

信息化战略的顺利落实必须以信息化平台以及技术为依托，为实现战略目标，市场以及企业均需要扭转传统开发思维，借助产业本身已有优势，与新的信息化环境中的资源相互结合，从而实现传统产业与信息化平台之间的有效融合，最终获取新价值、形成新生态。

（一）通信技术的应用

美国、英国、日本、俄罗斯等国于 2000 年发布了《全球信息社会冲绳宪章》，其确认了信息通信技术的价值，并强调了该技术对世界经济增长所发挥的正面作用。信息通信技术的发展，目前全球范围内已经开展了相关制定计划，包括美国、印度以及日韩等国均已完成了时间表的制定工作，而且渗透到社会的每一个环节当中。它们把信息通信技术作为走出危机、开发新增长点的依托。2012 年，美国科学技术顾问委员会给奥巴马政府提交了关于下一个 15 年技术创新的动向和重点领域的报告，其中所提 8 个领域中有 5 个领域全部是信息通信技术。

随着智能终端技术的广泛应用，移动信息化技术持续升级，根据统计数据可知，近年来无线业务在流量上逐年增长，且增幅近 100%，基于合理推测，该项数据在未来十年的时间里将会实现千倍的增长。伴随着 5G 技术在人们日常生活中的普及，大众生活的各个方面均会产生天翻地覆的变化，包括无线支付、智能家居、远程医疗等领域早已开始探索与尝试。不仅如此，基础设施、民生建设等领域也逐渐开展了与信息通信技术之间的深入合作。

（二）云计算技术的应用

云计算指的是以信息化为基础的一种计算方式，此方式能够实现软硬件资源之间的共享以及不同信息之间的按需分配，为计算机以及其他设备之间搭建顺畅的联络通道。基于云计算技术的支持，用户无须深入掌握该项技术的原理与细节，也无须储备相应的技能知识，可以不通过直接控制渠道便可满足需求。实际上，云计算是对新信息技术发展模式进行描述的新思路，这种新的思路会体现在信息技术发展的服务增值方面、交付模式方面、虚拟化资源扩展方面等。

这些服务能力不再是简单的技术服务更新，而更强调基于信息化的服务能力输出。例如，腾讯云的云技术并非信息技术的简单迭代，而以腾讯大生态为基础，借助信息化平台完成服务提供工作，最初从 aas 出发为全球客户提供基础云服务，接着快速将云服务能力拓展到强度更高、范围更广的 Paas、Saas 层面，并向不同行业服务商之中拓展，开发商以及企业可由此获取更加完善的云服务技术支持。云服务、传统信息技术服务商二者之间的区别关键也在于此，前者更具信息化基因，步伐更轻盈更快速，可以在全球范围提供服务，客户接入成本也更低，这种环境中发展而来的云服务商，比以往的 IT 服务商来说，张力更大、想象力度更高，传统信息技术资源在供给方式上发生了巨变，可以说，商业科技时代已经由此有了新的形态。

云计算服务的特征表现在如下方面：自助服务会随需应变、网络设备的访问可以随时随地发生、重新部署的速度以及灵活度更好、多人共享资源池、能够实现被监控、可以被量测、部署资源的速度因虚拟化技术的支持而变得更快，服务获取速度也相应提高，在处理用户终端时的负担有所减少，用户不再过度依赖信息通信技术的专业知识。各类资源在信息化环境中汇聚，如计算资源、应用资源、数据资源以及存储资源等，云计算与资源之间的依赖关系因信息化规模变大而增强，这也是资源共享形成规模经济效应的原因所在。

（三）大数据的应用

高德纳咨询公司以大数据为对象做出了概念界定，所谓大数据指的是决策力增强、洞察力增强、流程更加优化的技术环境，在大数据环境中存在着海量信息资源，这些资产的增长率更高、多样性更强。在对大数据进行分析的过程中，能够联系云计算技术。提出大数据的目的并非对庞大规模数据信息的有效掌握，而在于采用专业化处理手段实现对数据意义的识别与筛选，即提高处理、加工数据的能力，实现数据增值。立足于技术视角来看，大数据、云计算二者相辅相成，彼此之间存在着协调关联。在处理大数据的过程中，无法只使用某台计算机设备，需要以分布式云架构为依托。大数据的特点主要为其所采用的分布式挖掘技术，同时结合分布式数据库、云存储、挖掘电网、虚拟化技术等，业内称其为"4 个 v"。

Volume：巨大的数据量。当前，典型个人计算机硬盘的容量为 TB 量级，而一些大企业的数据量已经接近 EB 量级。

Variety：繁多的数据类型。日志数据、视频数据、图片数据、地理位置信息数据等。

Velocity：较快的处理速度。以数据库为对象进行信息价值的筛选时，速度较快。

Value：较高的价值密度。在确保数据利用和力度的情况下，能够完成准确度更高的分析，由此可实现对物联网的回报，将多种传感器分布于全球环境之内以作为数据来源，常见的数据来源有网络日志、传感器网络、社会数据、信息化搜索引擎、基因组学、生物学等，是一项集合了多个学科的科研工作。

（四）小数据的应用

小数据指的是用户的各类型信息行为信息，以整合的联处理数据，能够让用户对自身的了解更加全面、透彻。小数据应用现阶段还处于探索阶段，不够成熟，其中应用效果相对较好的有运动手环、智能手表等，这些应用可以完成对用户身体信息的收集工作，能够反映出用户的运动量。小数据所提供的信息在自动化技术的支持下更加丰富，如用户的饮食健康数据、阅读习惯数据、个人财务数据等，可以说，小数据应用能够反映出用户智慧化的发展方向。

　　小数据可理解为用户的自我数据，该项数据具有量化特点，小数据的使用保持着与大数据相同的目的，能够为用户个人的决策制定提供依据，用户通过数据能够更加清晰的认识自己，在掌握已有数据的基础上，可以进入改变个人情况的下一阶段，这一阶段内的用户决策意愿、个人毅力等要素将会发生作用。分析小数据时必须对用户个人的惰性特点有所了解，在完成信息的自动化输入后，使用者必须具备数据隐私的保障权利，数据信息仅提供给用户个人，需要共通标准，让数据能够整合。

　　大数据技术在基因组学等医学领域均发挥了作用。个人数字跟踪驱动技术所形成的小数据信息，可以针对用户个人的医疗活动产生影响，随着个人可穿戴设备技术的不断升级，用户的多元化信息可以被收集，包括工作信息、购物信息、睡眠信息、体育信息、通信信息等。

　　假设你是某种疾病患者，依托精准度更高的小数据可以确认服药的频率与剂量，尽管用户可以药品对应的说明书为指导，但基于病人数据库而形成的统计分析结论的实效性可能更好。

　　以癌症治疗为例，肿瘤细胞内的基因数据可以反映出不同病人的表现差异，考虑不同患者所需的治疗方法不同，同一治疗方法使用在不同患者身上所产生的疗效也会存在差异，患者需要个性化的治疗方案以及用药计划。换言之，传统的"对症下药"理念如今在信息技术的影响下逐渐转变为"对人下药"。为患者制定个性化治疗方案时，离不开个人数据信息的统计与分析，从用户小数据中能够归纳出用户的个人病情规律。小数据技术的应用意义便在于深度挖掘病患的治疗可能性。但需要注意的是，小数据的应用并不能削弱大数据技术的使用功能性。大数据库可为规律的提炼提供空间，而后借由小数据技术的支撑，使规律与用户个人之间的匹配性变得更强。

（五）移动信息化技术的应用

　　自 2000 年起，信息技术的应用范围逐渐增加，信息技术与越来越多的领域实现了深度融合。在移动科技的影响下，领域规模逐年增加。由此可以合理推测，信息化的下一个增长点会出现在万物互联领域。万物互联时代中，任何事物之间均可以出现语境感知效应，处理数据的能力会明显增强，感应能力也会随之提高。在信息化环境中融入用户信息，便可以得到规模为万亿的网络，网络中存在着丰富的连接关系，受此影响势必会出现更多机遇。网络中的海量信息彼此之间有各种不同沟通的机会，会提供给人类更多更好的服务，让人们的工作、生活方式都因移动信息化而重新改变。人们都说移动信息化才是真正的信息化。多年前我们还坐在电脑前看信息，现在取而代之的是随时可用的智能手机，网络设备在日常生活中随处可见，用户的在线状态变得持久，用户获取信息的过程中不再受时间、空间等条件的约束。

移动信息化概念的实质为移动通信，其具有实时性、在线性，可被理解为社会网络概念。移动信息化自身的高速性能够为业务管理提供更加敏锐的感应能力，其所构建的计费平台也具有更强的智能性，为客户提供了更完善的支撑平台，这将推进业务体系的升级。目前的信息化发展已进入井喷式阶段，国内的信息化已经被贴上了全民化的标签。

第二节 大学生就业创业的重点领域

信息化战略的实施重点在于高新科技与传统产业之间的创新性融合，随着新兴业态规模的持续扩张，新的产业增长点将会出现，这令"大众创业，万众创新"计划的落实提供了环境，产业的转型也会因此而取得智能支撑，经济发展有了新的动力，在此情况下，国民经济发展效率有明显提高。

在信息时代，大学生就业创业的重点领域主要集中在制造业数字化新发展及信息技术与农业的融合发展等方面。下面，对这两个领域的信息化发展进行阐述。

一、信息化促进制造业数字化的新发展

传统产业在信息化环境中的升级与转型不具备独立性，实际上，零售批发新形态对传统产业的发展产生了倒逼作用。在大学生就业创业过程中，制造业是重点领域之一，其与信息技术之间的融合形成了制造业数字化的产业新形态，此外还形成了网络化、智能化的产业特征。借助信息技术的应用优势，制造业不仅改善了产业管理水平与研发能力，其生产效率也有所提升。信息化环境中构建出了一个虚拟社会，这个虚拟社会内部时刻发生着规模庞大的交易，这些交易构成了巨大的网络空间，实体社会中的商品会出现目的并不清晰的移动、转变行为。对于某些重点领域而言，新兴科技会打造个性化定制服务支持计划。下面对信息化环境中制造业的数字化发展进行说明，以期为大学生就业创业提供新思路。

（一）智能制造

信息化环境中的传统产业具备自主可控能力，产业发展环境更加安全、可靠，资源配置方案发生优化，智能制造试点示范效应逐渐增强。开发工业大数据的能力以及利用工业大数据的能力越来越强，这为传统产业的智能化转型提供了更加有力的支撑，传统产业的新生态环境逐步完善，这使产业生产效率有所提升、产

业的现代化特征更加突出。可以说，传统产业的优化与升级正因有了信息技术的加入而具备了更强动力。目前，国内的电商服务平台越来越完善，一方面能够消除规模屏蔽效应，另一方面令资金门槛下降，企业的生存有了更多模式，有益于企业的长远发展，在企业升级转型方面，电商服务技术具有明显优势。特别对于中小企业而言，需要更加个性化的转型升级方案，以解决转型期间所遇到的复杂矛盾与困难，中小企业掌握了商业智能分析软件的使用方法后，用户的个性化需求可以得到更好地满足，提供更快捷、成本更低的服务，与客户高效互动，使得产品可以快速迭代更新等。

（二）高效率生产

仅在生产制造环节应用信息技术，并不能体现信息化制造的优势，而要从整体考虑，将信息化视为基础设施之一，消费者所产生的驱动力较强，定制规模随之扩张，新的商业模式表现出了更强的个性化特点，在消费者的驱动作用下，新的商业模式的柔性更强、响应市场的速度更快。相比于传统 B2C 商业模式而言，新的 C2B 商业模式以用户需求为出发点确定了更适宜的生产方式，正因有了新的通信科技，生产企业拉近了与消费者之间的距离，消费者消费需求传递给生产企业的通道更加顺畅，消费需求的传递效率明显提高。生产商能够通过对消费需求的深入剖析更加准确的把握市场发展趋势，从而在物料的采购、产品的生产配送方面更加标准化、批量化。可以说，高新科技的加入催生出了拉动式的企业生产模式，从而促使定制生产规模的扩大。

对服装业进行分析可以发现，服装业表现出的长尾效应有所增强，企业在设计生产体系的过程中需要提高其与产品品种、批量需求之间的适应性，在条件允许的情况下尽快设计出行之有效的个性化定制生产模式，以令多元化的消费者需求被满足。而从传统服装行业生产端的纺织及服装机械来看，小批量的生产大大降低了生产效率，从而使得消费者个性需求与企业的生产效率成为一对矛盾。

近年来，国内的服装业引入了具有柔性特征的产品生产设备，如自动排料设备，这些设备的引入令中高端软件在传统产业中越来越普及，电商企业能够为用户提供品种更加丰富的产品，也可以满足小批量生产订单的需要。即企业的疏通生产方式更加有效。例如，电商服装企业引入了东莞共创供应链专门服务技术，该项技术的创始人本着精益生产的目标，对传统服装企业的经营理念以及产品的生产线加以改造，此前应用的生产线模式转变为"单件流"模式，能够很好地满足用户小批量订单的流水作业要求，企业由此具备了柔性化生产能力。

观察信息化环境可以发现，个性化需求较大，但这些个性化需求较为分散，对电商企业形成了倒逼作用，令企业生产方式更加柔性，整条产品供应链在效率、思考方式以及行动逻辑等层面更具效率。

　　企业在信息化技术的支持下具备了用户需求的采集能力，产品供应链中的关键环节实现了柔性化方向的改造与创新，服务模式的定制化色彩更加浓厚，商业模式的升级效率更高，智能化、网络化的生产方式受到越来越多传统产业的青睐。

（三）增强综合实力

　　理解信息化时代的特点需要从更加深入的角度出发，而不能将其视为信息技术简单叠加至传统产业之上，在完成数据收集后，便进入整合资源、优化配置方案的阶段，而后取得转化后的预期成果。信息化时代内的产业与新兴科技之间存在着协同关系，令传统产业具备了更高效率。国家政府对于传统产业中的重点企业转型发展给予了鼓励，加速其生产、质控、运营等环节的网络化发展，促进新的产业发展体系建立、健全。同时对于具备潜力的信息化企业提供了多方位的转型支持，助力企业在资源创新、生产能力提升、市场需求汇聚等方面的能力，对于中小微型企业而言，尽快适应多元化的资源协同规律，才能够增强自身的综合实力。

（四）加速转型

　　制造业企业以包括云计算、物联网等在内的现代科技为依托，对产品生产的生命周期数据进行整合，企业能够获取更多有益于决策的服务信息，令产品的优化速度更快、数据支撑力度更强，企业可由此实现对产品的远程维护，在诊断质量方面更加精准，远程优化技术能够让企业为客户提供更多样的增值服务，产品价值空间会随之拓展，进而完成制造向服务化制造的转变。

（五）促进企业提质创优

　　电商平台能够承载重要商务信息，完成信息的运送，有益于企业树立品牌，获取更优良的成长环境。

1. 降低企业营销成本

　　身处信息化环境之中，企业能够获取更丰富的广告宣传渠道、完成更全面的市场调查工作，从而形成范围更广的营销网络，有益于企业自身品牌定位的确认，企业可由此寻找到无中介参与的产品销售渠道，其与消费者之间无须再通过第三方中间环节便可实现对接，企业无须再支付流通费用、中间环节的交易费用，这会令信息以更快的速度完成流动。在网络宣传的作用下，企业品牌的打造难度会相应降低，营销成本会下降。由调研数据可知，信息化环境中的网销活动会令企业获取成倍增加的销售额，企业可以花费相对较少的成本便可以积累更加精准的客户群。

2. 突破时间空间限制

电子商务不受地域的限制，企业可以直接面向全球市场，能够与任意潜在用户取得联系，营销的针对性更强。与此同时，信息化环境中的企业所受到的束缚效应明显减弱。根据交易时间理论可知，传统企业由此可以获取更多机会，无须考虑时空因素的影响，随时随地积累销售额，企业以网址为地址，将销售信息高效传递给全球用户。

3. 实现全方位展示

理论上，客户购买行为的发生目的在于获取消费效用，同时可以节约社会资源。网销渠道可以将产品的功能、结构全方位展示给消费者，从而有助于消费者完全地认识商品及服务。

4. 提升客户满意度

对于企业而言，客户的重要性不言而喻，信息化本身的互动性、个性化、灵活性可被视作企业可以充分利用的优势。信息化的用户思维通过评价数据，充分了解客户的需求和反馈，从而根据用户的需求改进产品的创新和设计，而不再纯粹从生产企业出发去设想用户的需求，随着大数据技术的发展，基于大数据的精准营销改变了传统营销方式的成本高见效慢的缺点。

二、信息技术与农业的融合发展

农业作为我国国民经济中一个重要产业，应当成为大学生就业创业中重点发展的领域之一。随着信息技术的飞速发展，大学生在农业方面进行就业创业时也应融入信息技术。下面对信息技术与农业的融合发展进行详细阐述，以期为大学生在农业方面就业创业提供新思路。

（一）信息技术与农业的融合

以丁磊的养猪案例为依据，随着"佳沃"品牌在农业领域的探索，以京东为代表的电商平台向消费者推出了农产品销售方案，电商农企进入了快速发展期。阿里巴巴在2014年10月正式推出了农村战略，计划在3—5年时间内完成100亿的投资计划，打造出囊括1000个县、10万个行政村的电商农业体系。由此可见，阿里巴巴未来几年将会大力开展线下服务实体模式，将电商网络延伸至国内超过3成的县级地区。

此后，越来越多的传统农企开始尝试网络化转型发展路线，包括养殖农户、农产品经销商等在内均被视为"三网一通"生态体系中的重要组成部分，各个参与者不断拓展金融服务的适用范围，针对养殖业的网络化发展，企业专门组建团队。以芭田股份为例，该公司采用并购策略向农业大数据环境介入，探索基于数据分析的新型农业衍生业务商业模式。与企业试探性涉农相比较，因担心信息化企业"狼性侵袭"而激发的危机感，使传统大型农业企业的"触网"显得更为迫切和全方位，涉及的环节涵盖种植、养殖、农业电子商务、金融、大数据等领域。

（二）信息化为农业发展赢得新机会

信息技术的关键在于将信息技术向传统产业的各个环节中逐步渗透，传统产业在经营模式、发展速度方面均发生了巨大变化。国内农业的基础设施水平较为落后，公共服务水平也较低，在信息化环境之中，农业发展表现出了更旺盛的投资需求，传统农业需要更多资金支持以解决就业难题，刺激经济新增长点出现，同时为令产业增长稳定，必须尽快确认内需动力。不难发现，信息化农业已成为主流方向。信息化对传统农业有强大的渗透性。农业有巨大的市场空间，产业相对落后，产业链长且各环节信息不对称程度高，凭借网络信息的透明化优势，产品价值获取了更广泛的空间。与此同时，农村较多分散农户可凭借网络优势完成与个性化消费者之间的顺利对接，从而刺激集约化经营，形成互助经营及农业最佳实践的快速传播分享。需要注意的是，农业交易成本相对较高，且交易环节持续周期较长，交易行为本身具有较强的可持续性，电商平台的构建能够令农产品的交易成本有所下降。正因如此，自2014年起，电商知名企业开始将目光投至农村战略。

（三）信息化对农产品流通模式的重塑

信息技术的持续升级令农产品改变了此前的流通模式，电商形式成为农产品流通的主流，改变了产品流通过程中的主体、组织形式、上下游等。

在传统农产品流通体系中，由于交易环节较多，层层加价，交易效率处于低水平，较大的农产品损耗量令产品的终端销售价格提高。据不完全统计，国内粮食的流通损耗量在每年可达到2550万吨，耗损率占比15%，而在发达国家中，这一数据为1%。信息化时代交易平台的构建令消费者、生产者双方的信息不对称性被弱化，二者能够完成直接交易，产品的流通效率会明显增加，与传统模式相比，新的流通模式具备典型优势，这一应用经验可被引入其他行业，令全社会内的资源节约目标能够得以实现。

阿里平台近年来的涉农网店规模有所扩张，据统计，平台至2019年的涉农网店超过15万家，与同期相比增加了近一倍，可见，涉农电商发展进入了旺盛阶段。以销售额为依据来看，自2010年开始，阿里零售平台对农产品销售连年高速增长，增速远超同期淘宝大盘，被视为电商领域内的又一亮点，对于传统渠道来说，市场需求的变化推动他们掌握更多资源，这些资源优势被应用于电商领域将会产生巨大能量。2008 年起，寿光蔬菜批发市场内的批发商开始尝试以淘宝网为媒介的农产品网销模式，截至 2019 年年底，批发商通过网销渠道的拓展取得了较好的交易成效，线上渠道为批发商们带来了多于线下渠道的销量。其中规模最大的一家彻底颠覆了此前的下线销售模式，以网销为渠道全力开展线上销售新模式。在此过程中，消费者不再被动，获取了商品采购的主动权，被视为农产品销售网络中发挥主体力量的重要成员。信息化环境内的多元化技术与模式为消费者获取信息带来了极大便利，消费者不再是传统模式中被动接收信息的孤立者，而变为销售信息的积极参与者，产销格局随之发生巨大变化，各个商业环节中均能够看到新销售模式发挥着作用。信息在生产、消费两端之间的传输逐步趋同。

（四）信息化农业的创新发展

信息化农业的转型与升级不仅表现在生产农产品领域，更体现于企业经营、运营管理、客户服务等多个层面，新的农业发展模式更加精细、智能，新产业形态的出现产生了带动效应，令农业经营体系越来越完善，信息化农产品管理与服务的多样性更加突出，同时打造了日趋健全的产品质量追溯系统，令农业发展的现代化特色越来越显著。

1. 建立更高效的服务平台

构建平台为农业大户提供更有力的服务，满足家庭农场、龙头企业等生产经营主体的多样性需要，使得产、销两大环节之间能够形成更加紧密的联系，加速农业生产导向由生产向消费方向的转变。此外，农业生产经营理念越来越科学，不仅令产品销售流通环节更加顺畅，同时可以令产品的生产效率提高，有益于农产品增值空间的扩大。值得一提的是，在此过程中，农村土地流转公共服务平台越来越规范，使土地流转的过程更加透明，为广大农民提供更有效的权益保障环境。

2. 生产方式的转变越来越精准

将成熟的农业物联网应用经验进行复制、推广，选择条件适宜的地区作为对象，根据实时监测数据，完善环境监测系统，实现自动化监测功能。针对大宗农产品的生产，可采取更加智能的测土配方是非方法、智能节水灌溉方法以及定位耕种方法等完成精准化作业。此外，在畜禽领域，为实现产业规模的标准化升级，可积极引入效率更高、能耗更小的技术，借助智能设备的技术优势，使应用范围更加广泛。

3. 提升网络化服务水平

进一步落实信息技术深入农户作业的试点工作，对农民的生产理念转型提供更实际的支持，包括政策支持、科技支持、保险支持以及市场支持等，使农户能够以更加智能的方式获取有益于生产生活的信息服务。信息化企业能够由此与农业生产者建立起更深入的合作，借助新兴科技的大力支持，农业信息监测系统随之建立，不仅可为农户提供灾害预警功能、疫情防控功能，同时可对耕地的质量情况进行监测，辅助用户制定出更加科学化的经营决策，此外还可对市场波动加以预测，便于为用户提供更加充分的决策依据。

4. 培养大量的信息化新农人

在信息化与三农领域日趋紧密的情况下，出现了一个全新群体——新农人，这是信息化时代农民群体演进的结果。同传统的农民、新型职业农民相比，新农人具有更鲜明的个性特征，群体也表现出了显著的先进性。新农人不仅在生产方式上发生变化，产品流通理念也有所改变，这使农村地区的整体经济发展水平相应提高。部分农民在信息技术的推动下，已经成长为市场交易主体成员，不仅能够直接对接客户，同时掌握了更有力的产品议价权，自身的销售收入增加。此外，新农人具备了符合现代化社会建设的网络思维，自身的文化素养也有所提高。

信息化平台一方面给新农人带来了以低成本推广产品、建立品牌的机会，另一方面满足了不具备充足资金的用户，区别于传统的品牌打造模式，新农人可根据消费者信息的调研结论打造出与信息化消费行为特点更加契合的个性化品牌。

5. 完善产品品质追溯体系

以信息化资源为支撑，构建出可满足追溯需求的公共服务平台，加速标准化制度的建设，有效衔接产地准出机制与市场准入机制。在移动信息化、二维码技术、物联网技术等的推动下，生产经营变得更加精细，产业内的多个环节之间能够由此形成共享关系，追溯体系所覆盖的区域范围随之扩大，在产品品质方面的保障力度更强，使得消费者能够享受到"舌尖上的安全"。

第三节 大学生就业创业的地方化趋势

一、就业创业的典型误区

就现有形势来看，信息技术已经成为大学生就业创业的转型依托。关于此，地方政府陆续推出了有益于大学生就业创业的相关政策。但信息化经济作为一种全新的模式和形态，有其独特的发展规律及特点。在大学生就业创业过程中，各级地方政府需要开放思想，引入信息化思维，进行区域政策和制度创新，从而避免传统经济思维下存在的几个误区。

（一）自建平台的误区

地方政府对于区域内的垂直类电商平台的构建给予了大力支持，形成具备巨大规模的生态聚集效应，政府由此能够把握住大学生就业创业的机遇。但由于信息化减小了地域差异性，投资风险变得更大。相关服务配套与电商平台功能本身共同构成了商业生态系统。这需要高额投资以及强有力的技术支持，以实现生态圈的自我循环。

有研究者表示，综合类的电商平台数量将会在 10 以内，而细化的电商平台分布则为 1—2 家 / 行业。目前国内具备平台建设实力的地区为一线城市，这些地区具备资源优势、技术优势、人才优势，相比之下，其他城市建设综合类电商平台的可能性较小。实践表明，部分地区构建的电商平台在分布方面陷入了怪圈，平台本身的运营难以保证。

（二）招商引资的误区

地方政府，对于引入知名企业抱有较高期望，希望获取更多的平台投资。但考虑到大学生就业创业信息化平台的跨区域特点，各地方政府发展信息化期间，需要对本土优势进行充分挖掘。

（三）追求"高大上"的误区

在大学生就业创业的信息化经济环境中反应速度最快的为小微企业，电商企业成长非常迅速。例如，像茵曼、韩都衣舍成长为十亿元规模的企业，也只需要5、6年的时间。成长为大型成熟电商企业，这一过程无须花费过多时间，通常情况下，企业在2—3年内便可以实现。由此可知，对于自身信息技术水平较低的区域而言，需要借助本土企业的优势推进转型，同时地方政府需要提供政策优惠、加大力度培育人才，增强创新意识，实现万众创新目标。

（四）电子商务等同于开网店

电商的实质为商业流通，流通过程中需要依托信息技术、创新思维，这与当前大学生人才培养要求相符。网络零售在电商领域内并非占据主体，在新兴科技发挥作用的同时，本地传统产业将会加快转型、升级的速度，如金融业、制造业、对外贸易业、生活服务业、零售与批发行业等。

二、信息化就业创业的相关途径

大学生在进行就业创业时要深入理解信息化经济的客观规律，结合当地经济特点、人才结构以及优势产业现状，这样才能提高大学生就业创业的效率。

（一）对信息化进行深入研究和规划

从广义角度看，信息化涉及的领域较多，有广告营销、制造、服务、金融、地产、能源等，现如今，信息化已被视为基础设施的一种。信息化商业模式和技术变革快速，要组织专业人员近距离观察，研究"信息化"的进展、影响和政策障碍，结合本地区实际情况制定信息化的总体规划和行动方案。

（二）增强信息化人才培养意识

如今，信息技术特别是移动信息技术的快速更替已经远远超出了人们预料，这引起了传统产业的普遍忧虑。地方政府较为被动，零售、餐饮、移动支付、交通出行、跨境电商等行业的高速发展，令地方政府必须提高信息化人才的培养进度。因此，首要任务是完善人才培训体系，组织多样化的培训活动。义乌市政府计划在 2 年时间内完成 30 万电商人才的培养计划，以政府为主导，组织更丰富的公益性电商培训活动，亦可以补贴的方式对电商人才的培训提供扶持。部分地方政府成立了网商协会、联盟、创客组织等，这些民间组织通过运作能够令人才的信息化意识增强，人员的知识水平与技能水平均有所提升。

（三）对本地信息化应用服务商进行重点扶持

在信息化环境中，社会分工更细，不同社会成员之间的协作关系更加紧密。传统产业触网的做法将会令信息时代的特色更加清晰、影响范围更加广泛，服务商业务越发达。同时，地方传统产业以越大的力度转型，对其他产业服务商所产生的影响力越大，包括运营、网销、电商物流等。制造业在于信息技术相互融合的过程中所表现出的优势较为突出，产品成为转型后的制造业的发展中心。对于传统企业而言，需要投入更多精力于本土产品的优势发挥上，衔接好生产、加工环节，将信息化思维应用到企业运营、产品营销等环节之中，是成就信息化实体产业的有效途径。越来越多的大学毕业生借助信息化环境掌握了就业创业机会，在政府优惠政策的扶持下，不断尝试新的就业创业方向。

（四）扩大就业创业服务平台规模

就业创业需要的分工范围较广，对团队的协作能力形成了考验。以北京中关村为例，园区内的车库咖啡、天使汇等新型机构为就业创业者们提供支持。无独有偶，杭州的乐创汇也发挥了同样的作用。创客空间、电商产业园的构建需要政府主导，将更多的社会资金吸纳进来，体现出创业生态系统的特点，表现在物流、运营、营销、客服、培训等方面。

初期的就业创业者对于环境的要求相对不高，基于此，创客空间电商产业园应以多层次发展为追求目标，避免陷入一味追求高大上环境建设的误区，既要有中大型电商企业，也要有适合 35 人的创业小团队入住的创业蜂巢和配套设施。

（五）鼓励地方高校的大学生创新创业

政府需要为大学生创业者提供更低的创业门槛，进一步推进制度改革，令创业者在保税、注册等环节不必花费过多精力与投入便可顺利完成，深处创客空间电商产业园之内，企业可以获取在场地租赁、水电支出、网络使用等方面的费用减免优惠，政府以发放补贴的形式为创客们提供实际支持。政府在未来需要通过具有实效性的政策扶持以为企业带来更加宽松的管制环境，令市场活力被进一步激发，中小企业以及草根创业者可以在更加自由的广阔空间内组织创新活动。依托于信息化环境的各类型新型事物的发展秉持"先发展后规范"的原则，在发展中逐步规范的原则，鼓励试错和允许创新失误甚至失败。

大学生就业创业是当今国家就业创业体系的坚实基础和力量源泉，在信息化创新驱动的政府发展战略中占据重要地位。地方高校是培养信息化人才的摇篮，大学生则是当地传统产业转型的重要储备力量，也是就业创业的主要人群。近年来各级政府部门在构建就业创业政策环境方面做了很多积极的尝试和探索，但是由于起步晚，体系不健全，至今还未建立成系统的大学生就业创业发展支撑体系，而且在一定程度上还滞后于大学生就业创业发展的迫切需求。因此，地方政府需要在大学生就业创业进程中发挥更大的作用，逐步完善大学生就业创业的政策支撑体系，对于传统企业的升级转型而言具有不可忽视的实践价值，能够发挥战略层面的重要意义。

第三章 新时期大学生就业创业的平台

第一节 搜索引擎

搜索引擎优化是开展网络营销的一种形式，企业可以借助搜索引擎的支持采取优化策略进行关键词优化、内容优化以及链接优化，这些因素策略会发挥综合作用，可以令企业的关键信息通过搜索引擎而被需要就业创业的大学生更高效的获取，吸引他们的点击率，令企业能够更快的树立起自身的品牌形象，从而达到向学生推广的目的。

一、搜索引擎运行机制

搜索引擎以计算机程序为依托，通过对网络环境内信息的搜索为数据信息的处理与组织提供基础，用户通过搜索引擎享受检索服务，信息向用户的展示过程离不开搜索引擎优化技术的支撑。可以将搜索引擎理解为信息向用户传递过程所依托的重要系统。从技术角度来看，运行搜索引擎的过程包含如下四个环节。

（一）爬行和抓取

此环节中，搜索引擎会以某程序作为发现新网页信息并抓取信息文件的"蜘蛛"。该程序的出发点为已知数据库，其操作行为具有正常用户访问网页的特点，在文件抓取方面也表现出了与一般用户的相似性，搜索引擎负责对新网页内出现的链接加以跟踪，进而完成对更多网页的访问任务，这一整个流程即"爬行"。在数据库中存入新网页地址后，即等待被抓取。该方法在新网址爬行操作中较为基础。在利用搜索引擎进行优化的过程中，反向链接发挥了基础作用。经由搜索引擎抓取后获取的页面文件即用户经由浏览器所得到的文件，经由抓取操作所取得的文件会被存入数据库之内。

（二）进行索引

"蜘蛛"在完成对新网页页面的抓取操作后，即进入分解页面文件、分析页面文件的环节，此时的页面文件的形式为巨大的表格。页面文件存入数据库即索引过程，形成了索引数据库，该数据库中记录了新网页的内容、关键词所在的位置，内容、关键字的颜色、粗细、正斜体等相关信息都有相应记录。

（三）搜索词处理

大学生可以通过搜索引擎完成关键词的输入操作后，通过搜索键的点击可以启动搜索引擎程序，搜索引擎根据输入的关键词开始处理，在处理的过程中做出整合搜索的启动决定，同时识别拼写错误是否存在、错别字是否出现等，经由识别、筛选以完成对数据的快速处理目的。

（四）进行排序

搜索引擎程序启动后，工作开始，与搜索关键词具有关联性的网页会被检索出来，以排名算法为依据，搜索引擎会将相关网页进行排序，页面会以某格式被返回至用户可见的搜索页面之上。

二、搜索引擎优化

搜索引擎优化被企业广泛应用于营销环节，被视为具有实效性的一种营销方法。

在对爬虫程序运行的原理、排序规则有一定了解后，搜索引擎的排序技术便不难理解。网站以排序技术为支撑完成优化操作，将企业网站以符合排序规则的方式被收录，排名位置越靠前,用户点击该网址的可能性越高，从而升企业的形象。

在目前所有网络营销的形式中，搜索引擎优化是能在短时间内扩大影响、提升企业网站形象的最好途径。原因有两个：

第一

搜索引擎已经成为网民获取网址首个入口，其中较为普及的为谷歌搜索、百度搜索，广大网民在获取知识信息的时候，更愿意倾向于用知名的搜索引擎进行搜索。

第二

利用搜索引擎的优势可在最短的时间内找到企业网站或者网页。

三、搜索引擎优化相关专业术语

（一）导航

网站导航的形式为 html 链接，页面间的互联牵扯众多方面，站内页面向主业的传达形式为回链，倘若这一点无法确保，则需要以网站地图的形式来实现。

（二）首页

网站首页的形式多为文本，而非 flash，其中既有目标关键字，也有目标短语，这些关键字与短语能够描述站长们的信息。

（三）标签

〈title title〉是标题标签，里面应当包含最重要的目标关键词

〈keywords keywords〉是关键词标签

〈description description〉是描述标签

四、搜索引擎不优化的网站特征

第一

网页中大量采用图片或者 flash Rich Media 形式，没有可以检索的文本信息，而 SEO 最基本的就是文章 SEO 和图片 SEO。

第二

网页没有标题，或者标题中没有包含有效的关键词。

第三

网页正文中有效关键词比较少（好自然而重点分布，不需要特别的堆砌关键词）。

第四

网站导航系统让搜索引擎"看不懂"。

第五

大量动态网页影响搜索引擎检索。

第六

没有其他已经被搜索引擎收录的网站提供的链接。

第七

网站中充斥大量欺骗搜索引擎的垃圾信息，如"过渡页""桥页"颜色与背景色相同的文字。

第八

网站中缺少原创的内容，完全照搬硬抄别人的内容等。

五、搜索引擎优化步骤

搜索引擎技术并不是简单的几个建议，而是一项需要足够耐心和细致的脑力劳动大体上，搜索引擎优化主要分为以下八个步骤：

第一，关键词分析（也叫关键词定位）

关键词分析是进行搜索引擎优化最重要的一环关键词分析包括关键词关注量分析、竞争对手分析、关键词与网站相关性分析关键词布置、关键词排名预测。

第二，网站架构分析

网站结构若符合搜索引擎的"爬虫"喜好则有利于搜索引擎优化。网站架构分析包括剔除网站架构不良设计、实现树状目录结构、网站导航与链接优化。

第三，网站目录和页面优化

搜索引擎优化不止让网站首页在搜索引擎中有好的排名，更重要的是让网站的每个页面都带来了流量。

第四，内容发布和链接布置

搜索引擎喜欢有规律的网站内容更新，所以合理安排网站内容发布日程是搜索引擎优化的重要技巧之一，链接布置则把整个网站有机地串联起来，让搜索引擎明白每个网页的重要性和关键词，实施的参考是第一点的关键词布置。友情链接也是在这个时候展开。

第五，与搜索引擎对话

向各大搜索引擎登录入口提交尚未收录的站点。在搜索引擎中看搜索引擎优化的效果，通过 site: 网站域名，了解站点的收录和更新情况。通过 domain: 网站域名或者 link: 网站域名，了解站点的反向链接情况，若要更好地实现与搜索引擎的对话，建议采用 Google 网站管理员工具。

第六，建立网站地图 Site Map

根据自己的网站结构，制作网站地图，让网站对搜索引擎更加友好化。让搜索引擎通过 Site Map 就可以访问整个站点上的所有网页和栏目。

第七，高质量的友情链接

建立高质量的友情链接，对于搜索引擎优化来说，可以提高网站 PR 值以及网站的更新率，都是非常关键性的问题。

第八，网站流量分析

网站流量分析从搜索引擎搜索的结果上指导下一步的搜索引擎优化策略，同时对网站的用户体验优化也有指导意义。流量分析工具建议采用 Google Analytics 分析工具和百度统计分析工具。

第二节 微博营销平台

微博，全称为微博客（Micro Blog），是一个基于用户关系的信息分享、传播以及获取平台，用户可以通过 WEB、WAP 以及各种客户端组建个人社区，可以实现即时分享。

集成化和开放化是微博最大的特点，用户可以通过手机、IM 软件（Gtalk、msn、QQ、Skype）和外部 API 接口等途径向微博客发布消息。

与博客相比，微博的关注更为主动，用户可以通过主动关注来获取某个用户实时更新的动态。因此，微博具有更高的商业推广价值。随着微博影响力的提升和用户数量的不断增多，微博聚焦了新时期巨大的营销价值，成为大学生就业创业的一个新平台。

一、微博营销平台简介

作为一种新时期高效的网络营销平台，微博的运营商可以鼓励更多的大学毕业生利用自己的优势进行就业或创业，针对新的品牌、新的产品、新的企业等进行主动的大学生就业创业扶持。

（一）微博营销目的

微博营销的目的见图 3-2-1 所示。

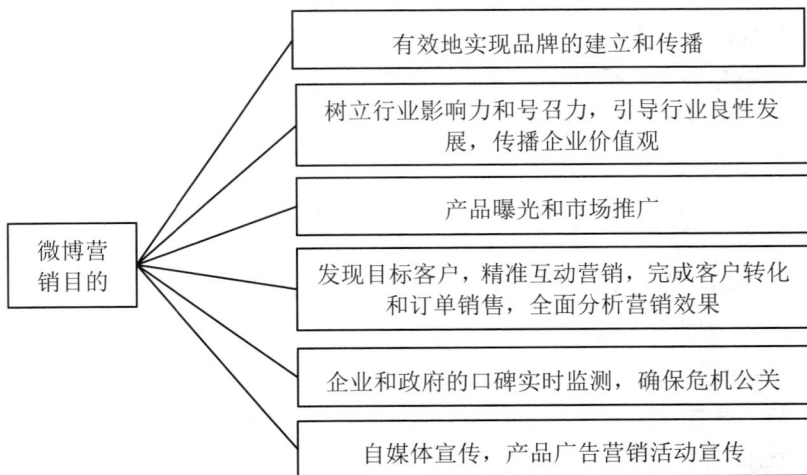

图 3-2-1 微博营销的目的

（二）微博营销分类

微博营销的分类如下所示：

企业微博营销

微博具有巨大的商业价值。利用微博营销不仅能推广新品牌，也能做好企业公关，或者放大企业传统广告的效应，商家利用微博可以与消费者更好地沟通。

政府组织微博营销

因为微博社交化媒体的低成本、高时效、容易沟通等因素，所以在微博上开设政务微博的政府组织大有所在，进行相对应的政府威信营销。这类微博的营销目的大多是赢取跟自己相关的信用度，控制舆论导向，及时获得真实有效的民众反馈。

名人微博营销

微博虽"微"，但名人微博不"微"。"名人效应"在微博的世界里直接的显现方式便是微博的粉丝关注人数。这样的关注度不但能提高自己的明星威信度，更是商家品牌选定代言人或者合作的评定方式之一。名人在微博中进行的自我营销与品牌微博营销有很大的相似性，都是在吸取大量粉丝关注的基础上进行传播，最终达到营销的目的。

专职营销微博

利用简洁明了的内容直接传达某产品的使用效果、销售信息等。一般为了避免广告信息的单一性，这类微博惯用的名称多为"全球时尚""欧美街拍""精选语录""星座宝典""时尚人气排行"等，并在日常发布与名称相关的信息，从而吸引粉丝，同时转发其小号的广告内容。

二、微博营销流程

微博营销可以分为狭义微博营销和广义微博营销。

（一）狭义微博营销

狭义的微博营销指的是利用个人普通微博账号通过直发或转发的行为实现营销目的，但通常这种个人普通微博账号的博主或是微博红人或是拥有大量粉丝群体的普通账号。目前微博红人的粉丝数量大多都在百万以上，因此其信息覆盖面的范围还是相当可观的。

（二）广义微博营销

广义的微博营销指的是以微博平台为基础的具有整合性的营销行为，其主要包括的内容见图3-2-2所示。当前，市面上的主流微博营销模式是"关系＋分享＋互动"。

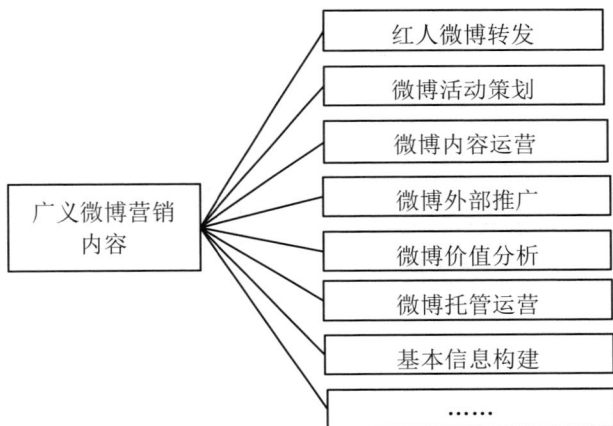

图 3-2-2 广义微博营销内容

三、微博运营实战流程

对于大学生就业创业来说，通常是以企业的成立以及企业的盈利为目的的，因此可以通过微博来增加知名度，最后达到对企业或产品的推广作用。一般情况下，企业或产品会因为知名度不够而增加营销的难度，而且简短的微博也并不能让受众群体对企业或产品有足够的了解，另外由于微博的信息量大且更新速度快，所以在通过微博营销平台进行就业创业时需要建立起自己固定的消费群体，做到与粉丝及时沟通、良好互动，从而为企业做宣传。企业微博运营实战流程如下。

（一）建立微博账号

第一，账号的开通

腾讯、新浪、网易、搜狐等多个门户网站都有微博平台新浪用户群以职业白领偏多，腾讯用户群相对年轻化。企业可根据自身的特点来选择更具营销价值的门户网站开通微博。

第二，微博装修

（1）微博昵称：简洁、易记，以公司名称、品牌为宜。

（2）个性域名：以公司、品牌的中英文为宜，被抢注另当别论。

（3）头像：以产品或企业 Logo 为宜。

（4）背景：简洁、清晰为主，根据微博尺寸合理设计，充分利用其广告价值。

（5）标签：根据公司、产品或人群定位设置关键词，便于潜在用户搜索。

第三，企业微博认证

企业品牌微博最好进行认证，以增加信赖感，也防止混淆。认证流程根据微博官方的要求。

（二）日常运营

1. 内容建设

首先，有规律的发布时间。发布时间应当规律进行，例如早上 9 点问候早安，晚上 23 点问候晚安，其余的时间可以根据用户的习惯合理间隔安排内容的发布。

其次，在进行内容发布时需要对信息进行采集和制作，并根据内容制作合适的配图，寻找相关的话题，发布的内容当与自己就业创业的内容有很高的相关度。

再次，发布信息的时间尽可能规律，如遇到特殊情况而不能定时发布时可以使用定时发布辅助信息的发布。

最后，要做好粉丝的维护。及时对粉丝的留言进行回复，删除不好的留言并做好相关的沟通工作。

2. 活动策划

微博活动一般分为微博平台活动与企业独立活动。

其一，新浪平台活动。指的是以微博活动平台为依托发起的活动，如有奖转发或系统抽奖等。

其二，企业自建活动。指的是在企业微博中发起相关的活动，例如抽奖、晒单、盖楼等。企业自建活动可以是自己企业独立创办的，也可以是联合其他企业共同创办的。

企业自建活动的开展步骤如下：

步骤一

确定主题。

步骤二

撰写活动方案，包括活动形式、奖品时间、执行人、宣传文案。

步骤三

活动发布和维护，跟踪活动效果，互动维护。

步骤四

公布活动结果、发奖等事宜。

步骤五

活动分析，转发、评论、粉丝数、ROI等数据分析，并做好记录。

3. 客户管理

微博拉近了企业与用户之间的距离，为企业与用户之间的互动起到了促进的作用。微博上客户管理工作主要包括以下内容：

第一

处理投诉。处理微博上用户的紧急投诉，避免其四处发帖。

第二

粉丝互动。针对粉丝的评论作相应的回复或转发互动。

第三

咨询答疑。解决用户的各种疑问。

> **第四**
>
> 发券、发奖品。

> **第五**
>
> 意见收集调查。

4. 微博推广

微博也需要推广，它犹如企业官方网站一样，需要通过多种渠道来进行宣传 推广可将微博推广归结为站内推广和外部推广，具体如下：

（1）站内推广

> **第一**
>
> 活动推广，新浪平台和自建活动，吸引粉丝参与，增加搜索结果数。

> **第二**
>
> 草根账号推送，花钱请大号转发。

> **第三**
>
> 与其他企业合作，通过赞助奖品等形式与其他微博开展联合活动。

> **第四**
>
> 微应用，开发微博 App 应用，吸引参与，同时可以推广企业微博。

> **第五**
>
> 主动关注，通过搜索相关关键词，找到潜在用户，主动求关注。

（2）站外推广

> **第一**
>
> 博客、论坛、贴吧、企业官网上发布企业微博信息。

第二

微博组件推广，如在官网上添加一键关注、关注、分享等微博按钮。

第三

有条件的企业可以在 EDM、DM 宣传册、名片等中添加微博信息。

5. 商务合作

企业微博营销过程中不可避免地会与合作伙伴、第三方服务公司等展开一些商务合作，以利于微博营销工作的开展，主要有以下几方面：

第一

与微博平台服务商合作，如新浪、腾讯开展微博组件合作，App 应用合作，活动参与等商务往来。

第二

与其他企业微博合作，之前提及的异业合作就是如此，去其他企业微博开展活动，友情链接等合作。

第三

与第三方服务公司合作，如微博代运营公司、微博营销分析工具供应商等。

第四

参与业内各种会议活动，企业微博营销中可能会参与一些业内的会议、沙龙活动等商务场合，建立广泛联系。

6. 运营日志

实时性、动态性是微博营销平台的特色，具体衡量的数据指标有很多，如粉丝数、微博数、评论转发数、订单销售、流量等。经营自己微博的同时还需要了解并分析其他行业的微博运营情况，做好跟踪记录。运营日志一般包括两个方面：

第一，微博日志，微博日志通常是每天进行更新，主要包括粉丝增量（增长率）、每日发微博数、转发评论数、搜索结果数（增长率）、订单数、IP（PV）、活动数量等；第二，活动报表，活动报表可以以某个时间段为周期进行数据分析，主要包括活动类型、时间、参与人数、转发评论数、粉丝增长数、奖品价值、ROI 等。

（三）数据分析

1. 部分指标说明

> **粉丝数**
>
> 关注微博的人数，可以直接反映微博的人气。

> **关注数**
>
> 主动关注的微博数量，最高上限 2000 人，日关注 500 人。

> **评论数**
>
> 用户对微博内容的回复，可以反映微博内容的受欢迎程度和微博用户的活跃度。

> **转发数**
>
> 用户对微博内容进行的二次传播行为，同样反映微博内容的受欢迎程度和微博用户的活跃度。

> **平均转发数**
>
> 每条信息的转发数之和／信息总数量，一般计算日平均转发数或月平均转发数，次／条，平均回复数原理类似。平均转发数（评论数）与粉丝总数和微博内容质量相关，粉丝总数越高，微博内容越符合用户需求，转发数和评论数就会越高，所以这个数据可以反映粉丝总数、内容和粉丝质量的好坏。粉丝基数越大，理论上转发数会越高，内容越契合用户，或者粉丝中你的目标人群越多，这个数据就越会上升。

粉丝活跃度

这是一个综合数据，一般可以通过平均转发数或回复数来衡量。

微博活跃度

一般是用作竞品微博或其他微博之间的比较。对于企业理性地看待微博营销的效果有指导意义。

搜索结果数

指在微博搜索框中输入指定关键词得到的结果数，可以反映企业品牌或产品名称被提及的总数。

2. 日常报表

日常报表的具体内容可以根据实际情况而定，通常包括的内容见图 3-2-3 所示。一般包括粉丝增量（增长率）、每日发微博数、转发评论数、搜索结果数（增长率）、订单数、PVIP、活动数量等，具体可根据公司情况而定。

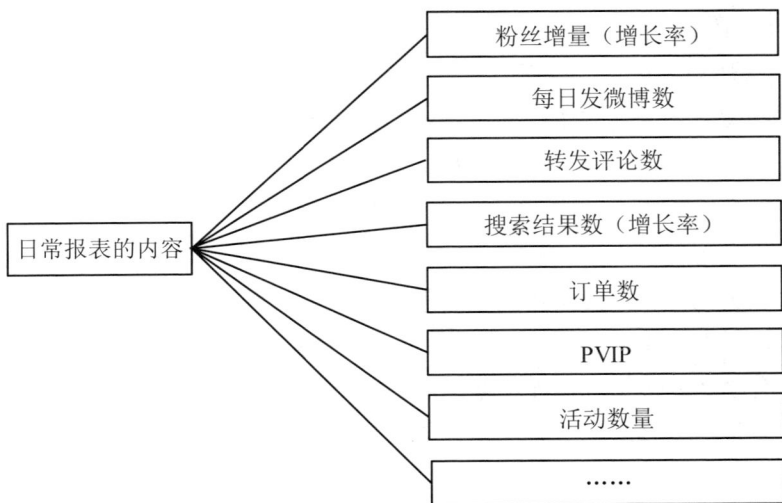

日常报表的内容
- 粉丝增量（增长率）
- 每日发微博数
- 转发评论数
- 搜索结果数（增长率）
- 订单数
- PVIP
- 活动数量
- ……

图 3-2-3 日常报表的内容

3. 活动分析

以每周为时间单位对活动进行分析，分析报表中主要包括以下内容，具体见图 3-2-4 所示。

```
                    ┌─────────────────────┐
                ┌──→│      活动类型        │
                │   └─────────────────────┘
                │   ┌─────────────────────┐
                ├──→│      活动时间        │
                │   └─────────────────────┘
                │   ┌─────────────────────┐
                ├──→│      参与人数        │
                │   └─────────────────────┘
┌─────────────┐ │   ┌─────────────────────┐
│分析报表的内容│─┼──→│     转发评论数       │
└─────────────┘ │   └─────────────────────┘
                │   ┌─────────────────────┐
                ├──→│     粉丝增长数       │
                │   └─────────────────────┘
                │   ┌─────────────────────┐
                ├──→│      奖品价值        │
                │   └─────────────────────┘
                │   ┌─────────────────────┐
                ├──→│   ROI 等必要条件     │
                │   └─────────────────────┘
                │   ┌─────────────────────┐
                └──→│       ......        │
                    └─────────────────────┘
```

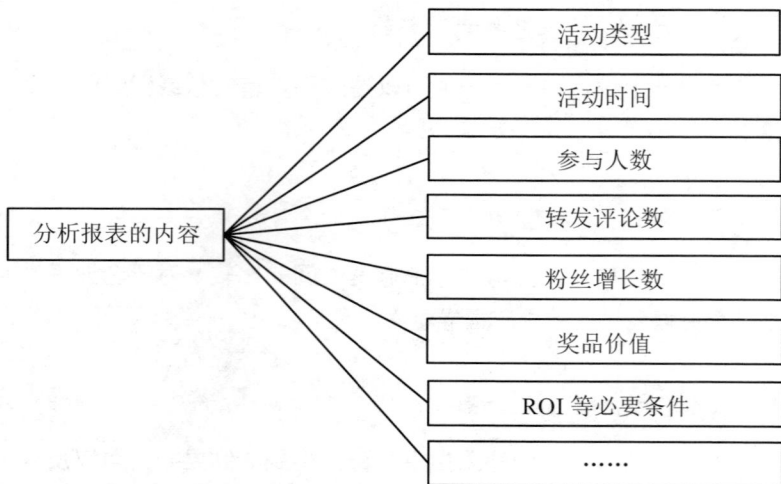

图 3-2-4 分析报表内容

4. 粉丝分析

粉丝分析包括性别、地区、粉丝的粉丝占比、活粉率、二级粉丝等数据，目前有些企业提供的微博分析工具，会有影响力、曝光率、眼球数等指标，实际上也是围绕之前的系列数据展开的模型计算出来的，仅供参考。

（四）团队建设

1. 团队构架

根据微博运营的流程工作来看，团队构架主要包括 CWD（运营负责人）、BD（商务拓展专员）、文案写手、客服人员、活动策划、美工编辑这几类，具体根据公司的情况来合理配置。

2. 成员考核

团队成员根据各自的工作建立日常的报表，对每日工作进行分析。微博运营团队的工作是密切相关的，在考核方面不应孤立来看每个人的关键绩效指标（KP），可以对整个团队制定指标，如粉丝数、搜索结果数、订单或销量、活动数量等进行考核，但是每个人对应的具体指标的侧重点又不同，具体可结合公司的实际情况来定。

3. 微矩阵建设

在微博营销平台的发展过程中，微矩阵是必由之路，不同微博在工作重心方面应当具有一定的差异。一般根据微博的定位和功能分类，如是产生销售、品牌传播还是客户管理，或是公共关系，没有明确的功能定位，不仅无法形成有力的微矩阵，连主微博的运营都会成问题，因为微博的内容更新、活动策划、粉丝互动都要根据微博本身的定位来运作。以下是常见的 3 种微矩阵模式：

蒲公英模式

适合拥有多个子品牌的集团。

放射式模式

由一个核心账号统领各分属账号，分属账号之间是平等的关系，信息由核心账号放射向分属账号，分属账号之间信息并不进行交互，这种适合地方分公司比较多并且为当地服务的业务模式。

双子星模式

老板经营一个很有影响力的账号，公司官方经营一个账号也具有影响力，形成互动。

企业真正要建立的体系，除了官方账号、子账号，还需要一个小号，所谓的小号，就是建一个跟自己企业相关的匿名账号。总之，小号就是脱离于企业的产品，但是又是自己企业的理念升华，要将微博内容上升到一个高度，才能让消费者觉得你很中立，从而润物无声地影响消费者。

随着微博营销的发展壮大，已成为大学生不可或缺的信息工具。在当前就业创业信息繁多的情形下，首先，第三方微博作为一个信息中介平台，信息传递迅捷准确，可帮助听众，尤其是大学生听众，准确地获知各种企业信息，迅速了解市场动向，减少了盲目性和因信息获取的滞后性而做的无用功。其次，通过这个具有双向交流的平台，大学生可以通过转发或者评论相互交换信息和意见，与企业、学校、同学进行沟通了解，加深了相互了解和认知的程度，不仅提高就业与创业的成功率，还可以积累经验。并且第三方微博平台不需要任何费用，减少成本的同时，也实现了市场信息的流通。

第三节 微信公众平台

微信公众平台是以微信为基础新增加的模块，无论是企业还是个人都可以通过这个平台经营一个微信公众号，通过这个微信公众号可以进行图片、文字、语音、视频等的群发。微信公众平台现在已经成为微信系统的重要组成部分，越来越多的企业和个人开始使用微信公众平台。

微信公众平台从注册到运营等各个环节十分简便，且成本低廉。与传统信息传播方式相比，微信公众平台具有明显的优势，微信公众平台可以十分方便的传播各类就业创业信息，仅需要耗费少许流量。同时，微信已经成为人们日常生活中不可或缺的交流工具，使用微信公众平台可以有效促进就业创业服务工作开展。只要大学生有移动设备和网络就可以随时随地接收微信公众平台推送的就业创业信息，打破了时间和空间的限制，减少了由于信息沟通不畅造成的问题，微信公众平台信息可以实现实时传播，提高了就业创业信息的时效性，同时，还可以根据不同学生的关注发送特定方面的信息，提高信息推送的准确性和针对性。

一、微信公众平台概述

（一）功能定位

提升企业的服务意识是微信的主要价值体现，企业可以通过微信公众平台为关注者提供更好的服务。微信主要具有如下功能：

第一

群发推送，公众号主动向用户推送重要通知或趣味内容。

第二

自动回复，用户根据指定关键字，主动向公号提取常规消息。

第三

1 对 1 交流，公众号针对用户的特殊疑问，为用户提供 1 对 1 的对话解答服务。

（二）平台类型

微信公众平台分成订阅号和服务号两种类型。

订阅号

订阅号是公众平台的一种账号类型，为用户提供信息和资讯。订阅号每天可以发送一条群发消息。订阅号发给用户的消息将会显示在用户的订阅号文件夹中。在发送消息给用户时，用户不会收到即时消息提醒。在用户的通讯录中，订阅号将被放入订阅号文件夹中。

服务号

服务号是公众平台的一种账号类型，旨在为用户提供服务。服务号一个月内仅可以发送五条群发消息。服务号发给用户的消息，会显示在用户的聊天列表中。并且在发送消息给用户时，用户将收到即时的消息提醒。

（三）微信公众平台的注册

微信公众平台的注册步骤如下所示：

第一

查找微信公众平台的入口用计算机登录微信官网，网址 https://mp.weixin.qq.com/。

第二

注册需要用到邮箱，在注册界面填写好邮箱之后，进入邮箱并打开微信发来的邮件，然后点击其中激活账号的链接。

第三

选择账号类型，一旦成功建立账号类型不可更改，这里选择的是订阅号。

第四

认证。如果是企业，点击企业的选项卡，需要提供企业的营业执照和法人代表的身份证照片，需要本人手持身份证拍照。如果是个人，就少了一个营业执照的认证，需要个人手持身份证拍照。这里选择的是个人，需输入身份证姓名、身份证号码、手持身份证照片上传、运营者手机号码及短信验证码。

第五

公众号信息。输入账号名称、功能介绍，选择国家。

当注册申请通过之后，就可以进入微信公众平台进行内容的发布了。与此同时可以将二维码进行保存，让其他关注的人通过二维码扫描进行关注会方便许多。

（四）微信公众平台的使用

1. 群发信息

想要进行信息群发只需要登录微信公众平台，找到功能里的"群发消息"，就可以将自己编辑的文字、语音、图片、视频等内容进行相对地填写，随后选择接收对象、性别、地区等，点击发送即可进行信息群发。

2. 申请微信认证

申请微信认证的主要步骤如下所示：

> **第一步**
>
> 对于没有申请认证的订阅号和服务号，单击公众平台网页右上角登录账号旁显示的"未认证"。微信认证需要审核服务费一人次 300 元，单击右上角的"开通"按钮。

> **第二步**
>
> 仔细阅读微信工众平台认证服务协议，在最下方选择同意协议，单击"下步"按钮。

> **第三步**
>
> 选择需要申请的类型，单击"确定"按钮。填写认证资料。微信认证的要求很严格，信息越齐全且真实就更容易审核通过。

> **第四步**
>
> 支付费用，一般 3~5 个工作日即可审核完毕。通过认证后，关注一栏会显示微信认证信息。

三、微信公众平台功能

（一）自定义菜单

通过编辑和发布自定义菜单进行便携管理，如具备开发能力，可更灵活地使用该功能。可创建最多 3 个一级菜单，每个一级菜单下可创建最多 5 个二级菜单。

（二）添加功能插件

每个公众号都可以在添加功能插件页面看到该账号能申请的所有功能。单击"添加功能插件"链接，可以添加需要的功能，丰富公众号的能力和体验。

（三）微信支付

便于企业或商家认知及申请微信支付功能，集推广销售、支付收款、经营分析等功能的整套解决方案。

（四）开发者中心

可以统一管理开发资源、权限和配置。主要包括如下功能：

接收消息

验证消息真实性、接收普通消息、接收事件推送、接收语音识别结果。

发送消息

发送被动响应消息、发送客服消息、高级群发接口、模板消息接口。

用户管理

分组管理接口、设置用户备注名接口、获取用户基本信息、获取关注者列表、获取用户地理位置、网页授权获取用户基本信息、网页获取用户网络状态。

多客服功能

将消息转发到多客服、获取客服聊天记录、计算机客户端自定义插件接口。

自定义菜单

自定义菜单创建接口、自定义菜单查询接口、自定义菜单删除接口、自定义菜单事件推送。

推广支持

生成带参数的二维码、长链接转短链接接口，详情可阅读微信公众平台开发文档。

微信小店

　　它是基于微信支付，包括添加商品、商品管理、订单管理、货架管理、维权等功能，开发者可使用接口批量添加商品快速开店。已接入微信支付的公众号，可在服务中心申请开通微信小店功能。

设备功能

　　设备功能是微信为服务号提供的互联网解决方案，设备功能建立在微信硬件平台之上。设备功能允许硬件设备厂商通过服务号，将用户与其拥有的智能设备相连。

Weinxin JS 接口

　　隐藏微信中网页右上角的按钮、隐藏微信中网页底部导航栏、网页获取用户网络状态、关闭当前网页窗口。

第四节 移动互联 App

一、App 营销

　　App 营销是指应用程序营销，这里的 App 就是应用程序 application 的简写。App 营销是通过在手机、社区、SNS 等平台上运行的应用程序进行营销活动。最受关注的企业 App 的发展壮大预示着中国的移动营销时代已成为"燎原之火"。其中，移动电子商务和餐饮业对 App 的高度重视引起了人们的极大关注。前者曾经是传统互联网的典范，在线购物首次以互联网的方式改变了中国人的传统习惯。后者是传统企业的代表，他们对 App 移动营销的关注也表明 App 移动营销的时代正在从世界传播到中国。App 只是从以第三方合作形式的应用程序开始参与互联网商业活动，随着网络的发展，App 作为一种发起方式的获利模式开始越来越受到互联网大亨的重视，例如作为淘宝、腾讯微博、百度等，App 不仅可以将不同类型的网络受众群体聚集起来，同时也可以借助 App 平台获得可观的流量，其中包括大众流量和定向流量。

（一）App 的用途

　　随着互联网的发展，手机和平板电脑等移动终端已经成为人们生活必不可少的重要组成部分，人们也逐渐习惯了通过 App 来进行网络互动。目前，我国电商均已具备了自己的 App 客户端，这说明 App 客户端的商业价值已逐渐凸显。现如今的 App 已经不再只是一个客户端，它可以实现对不同产品的无线控制，因此，越来越多的企业、电商平台将 App 作为销售的主阵地。App 之所以可以在短时间内得到迅速的发展，究其原因主要有以下几个方面：

第一

流量的增加。

第二

便捷的操作积累了更多的用户。

第三

不错的体验感在很大程度上提高了用户的忠诚度和活跃度。

（二）主流的 App 版本

第一

苹果 iOS。

第二

安卓 Android。

二、AppCan 应用开发

AppCan JavaScript 语言编写的 Hybrid 是跨平台移动应用开发工具。开发者通过内置的 AppCan IDE 集成开发工具、在线编译系统以及云端打包器等快速生成 Android Windows Phone 平台上的本地应用。AppCancn 应用开发是企业移动开发的首要选择，这主要是得益于其以下几方面优势：

· 发门槛低、难度小、学习周期短；

· 支持自定义功能插件扩展；

· 具有技术领先、稳定可靠。

（一）创建应用

创建应用的步骤如下所示：

> **第一步**
>
> 开发者登录 www.ffr4ekwww.AppCan.cn。

> **第二步**
>
> 注册一个账号并点击"应用开发"按钮，进入"我的应用"界面。

> **第三步**
>
> 点击"创建应用"按钮，输入相关信息后完成应用的创建。

（二）下载和安装 AppCan 开发工具

AppCan 开发工具提供两种向导，即应用向导和界面向导，内置数百种界面模板，提供包括新闻、电商、通信等多套应用模板。

（三）AppCan IDE 项目开发流程

1. 新建项目

AppCan IDE3.0 中有大量的模板供开发者直接套用，如电商、新闻、阅读、移动 OA 等，开发者可以根据自己的需求进行快速定制，首先单击"文件"菜单，在下拉菜单中选择"新建"，点击"项目"命令，选择 AppCan 应用中的 AppCan 项目。

将项目名称、应用名称、应用 ID、应用 KEY 填写在生成 AppCan 的项目对话框中，为了保证开发的 App 的唯一性，这里的应用 ID 和应用 KEY 应当是独一无二的。和 IDE2.0 一样，普通开发者在官网新建项目时会自动生成一个 ID 和 KEY。每个 App 的 ID 和 KEY 都是具有专属性的，是在创建用户时自行设置的。

2. 选择模板

> **第一**
>
> 使用已定义好的模板，在创建应用的第二步出现基本信息之后，单击"下一步"，选择自己想要建的类型项目，例如电商、新闻、阅读或移动 OA。空模板使用户可以自己建立想要的 App 类型，开发者也可在 30 上加上自己做得比较好的项目模板。例如选择一个电商的项目。单击"下一步"，选择自己想要设置的各部分的颜色。可设置顶部栏颜色、页面背景色、字体颜色、边框颜色、按钮颜色，单击完成。

第二

预览效果，找到起始页 index.html，点击右键选择"预览"，会在模拟器中出现电商项目的首页。

第三

用户可在创建的项目里添加单个页面模板和相应的 js，调用数据功能接口等。

3. 自定义页面模板

如果 IDE3.0 中内置模板没有办法满足开发者的需求，用户就可以根据自己的需求在上述新建项目时新建一个空模板，来创建符合自己需求的 App 界面。如果在生成的项目中发现有某个页面缺失，也可以根据自己的需要新建进行补充。以上述电商的项目中新建页面为例，新建页面模板操作步骤如下：

第一步

单击项目，右键选择"新建"→"其他"，会出现"选择向导"弹出框，选择 AppCan AppCan 页面，单击"下一步"。

第二步

在新建 AppCan 页面中，输入要建的页面名，单击"下一步"，进入各种页面模板类型，供用户选择。

第三步

选择左边的页面布局类型和右边的内容区域样式类型，布局分为简洁布局、标准布局、抽屉、特效等，内容如列表、表单、九宫格、表格。左边和右边下面都有左右切换页面的箭头，用户选择自己想要的页面类型时，左右两边的内容区域需要先单击一下选中的布局缩略图，例如红色区域选中的内容区缩略图，才可在中间显示这张图片的预览效果。单击"完成"按钮，直接生成默认的第一个模板。

4. 项目本地生成安装包

项目建完之后，就可以在本地生成安装包，随后就可以通过安装包将其安装到手机上进行效果的查看。具体流程如下：

第一步

单击项目的下的 android iphone 文件夹，右键选择"生成安装包"。

第二步

单击"生成安装包"，出现应用打包的界面。可改变应用名称，也可上传图标。

第三步

单击"下一步"，选择平台，Android 或是 iphone 或是 iPad，上传各个分辩率的启动页图片。

第四步

单击"下一步"，选择在项目中用到的插件，或者单击"自动选择插件"。即可把项目中用到的插件自动选择上。

第五步

单击"完成"，会提示打包成功。项目包会放在本地的一个文件夹中。用户可安装在手机中查看当前效果。

综上所述，移动互联 App 作为大学生获得信息与沟通交流的重要媒介，以其快捷便利的优势渗透到学习生活中来，其出现屏蔽了泛滥化的信息海洋，使大学生直接进入到了一个重新编码的精致界面，其反应灵敏、交互性强的特征，为重新规划时间与资源提供了可能。使用不同类型 App 对于提高大学生的创新能力、理财能力、授权能力、信息获取能力、说服能力、团队协作能力、计划执行能力均有着积极的作用。因此，应将 App 的优势资源发挥到最大，以产生 App 对大学生的思维方式、价值观念、社交习惯、团队意识等方面的积极影响。行为会受到意识的影响，当大学生的思维意识变得更为积极主动，并善于根据有效收集、分析、整理的各类信息进行行为决策时，就业和创业能力必然会有所增强，而大学生就业实现和创业成功便更值得期待了。

第四章 大学生求职择业的心理调适

第一节 大学生择业的心理准备

择业是每一位毕业生都要面临的事情，也是每一位毕业生步入社会的前奏，是毕业生由学校进入社会的重要转折点，对于高校毕业生来说做好择业工作至关重要。为了能够顺利地完成这次人生转折，使自己在未来的工作竞争中脱颖而出，毕业生需要在校期间就做好充分的心理准备，努力参加各种社会实践，为未来的工作积累工作经验，并且培养自己面对挫折的能力与抵抗压力的能力。

良好的心理素质对于毕业生择业来说非常重要，积极的心态、清醒的头脑是毕业生成功就业的关键因素，因此高校大学生应该培养自己以积极心态迎接就业压力的能力，对自己的就业观念进行及时调整，使其与当代社会相适应，从而成功就业。

一、择业中的机遇和挑战

目前我国在经济与教育方面实行的改革措施实际上为毕业生提供了充分的自我表现的舞台，但同时社会对人才质量的需求也在不断地提升，因此毕业生在择业的过程中，拥有机遇的同时也面临着前所未有的挑战。从当前我国的就业形势来看，一些发达地区人才济济，竞争压力很大，高校毕业生就业十分困难；但是那些经济发展欠发达的地区则出现了人才紧缺的现象，很少有毕业生愿意去经济不发达或者较为偏远的地区，这就使人才分布出现严重不平衡现象。事实上，对于高校毕业生来说，找工作并不是一件困难的事情，困难的是在好的地方找到好的工作单位。当前不少大学生的择业心态是：只要给自己制定合适的目标，就一定要实现自己的就业目标。

（一）心理定位与择业

择业实际上是一个双向选择的过程，既然是双向选择，就必然要面临这样一个现实：用人单位想要引进高素质人才，而高校毕业生都想去较好的工作单位。

尽管每年高校都会为毕业生举办大型的春季招聘会，但是实际上签约率并不高，之所以会出现这种情况，其原因主要是用人单位与毕业生没有达成一致的需求，使双方总有一方对另一方不满意，从而导致签约率较低。毕业生在找不到自己期望的工作岗位的时候应该理智看待自身条件与企业需求，适时地调整自己对工作单位的心理定位。

所谓的心理定位指的就是毕业生对自己的认识以及毕业生为自己树立的择业目标。心理定位往往是毕业生择业的第一步，只有第一步走好了接下来的事情才会更加的顺利，所以，心理定位在毕业生择业过程中占据着非常重要的位置。心理定位一般有两层含义：第一，指毕业生对自身心理特征的认识，尤其是对自己专业素质以及综合能力的评价；第二，毕业生对择业目标的具体要求，包括毕业生对就业单位的未来发展前景、地理位置、规模、效益以及个人的发展前途等内容。这两层含义彼此之间相互促进，又互相制约，二者对毕业生择业与就业来说缺一不可。通常情况下，前者是后者的基础，如果毕业生对自身没有清醒的认识，那么他的择业方向就会不够清晰，从而使择业失去方向，这样非常容易导致毕业生在选择职业的时候出现错误；后者又是前者的体现，毕业生的择业目标是否合适在很大程度上都是由毕业生对自身的认识来决定的。

毕业生由于长期待在学校中，对社会工作认识到的还不是很全面，因此在毕业之前，毕业生就应该对社会就业形势有所了解。高校毕业生在择业的过程中，一定要以社会现实为依据，对自己有客观的认识，在社会现实与自身情况的基础上确定择业目标。如果毕业生的择业目标定得太高，那么对毫无工作经验的毕业生来说就会比较困难。有些毕业生在找工作时由于没有结合自身实际情况，择业目标太高，导致在找工作时处处碰壁，严重打击自己的自信心；但是毕业生也不能将择业目标定的太低，尽管低择业目标可以让毕业生较快地找到工作，但是可能在工资待遇、工作性质方面不太适合毕业生，从而导致毕业生在就业之后出现职业倦怠的情况，或者频繁地更换自己的工作单位。所以，当代大学生在择业的时候一定要结合自身情况对择业目标进行确定，不宜太高，也不宜过低。

（二）择业中的机遇

每个人的一生中都会遇到很多机遇，尽管每个人都会遇到机遇但并不代表就一定能够抓住机遇。高校毕业生在择业过程中也会遇到很多机遇，比如学校每年都会为毕业生举办"双向选择会"、春季招聘会等，高校为了能够使本校毕业生顺利就业，纷纷要求当地企业去学校招聘毕业生，为高校大学生择业与就业提供了机会，但是是否能够签约成功还是要看毕业生与用人单位洽谈的结果了。除了高校为毕业生就业做出的努力之外，当地的毕业生分配管理部门也会不定期地通过各种渠道公布企业人才需求信息，对于毕业生来说这实际上也是一次重要的机遇，在临近毕业时，高校毕业生应该注意关注学校发布的有关通知或布告，然后对身边的就业信息有一个及时地了解，抓住难得的机遇。实际上，高校毕业生中抓不住就业机遇的人很多，他们大多不敢参加用人单位举办的笔试、面试、面谈活动等，最终使自己已经毕业了仍然没有找到合适的工作。

机遇有很多，但是有很多人把握不住，也有毕业生不懂得珍惜。那么，现实生活中，什么样的毕业生才比较容易受到机遇的青睐呢？那就是时刻准备择业与就业的毕业生，机会总是留给有准备的人。这里的"准备"内涵较为丰富，既包括毕业生在学习能力方面的准备，同时也包括毕业生在心理素质和身体素质方面的准备，具体地说，具有以下几种品质的人最容易受到机会的青睐。

第一，学习成绩优良，同时具有较强的接受新鲜事物的能力的高校毕业生。

第二，在某些方面有突出能力的高校毕业生，而且能够很好地将自己的能力表现出来。

第三，无论是学习中还是生活中，都能与他人融洽相处，尤其是善于与他人合作，有着较强的协调能力和组织能力的高校毕业生。

第四，对自己有清晰地认识，并且能为自己设立合适的择业目标的高校毕业生。

第五，有着积极的择业心态，能够主动出击，表现自我，并且不怕失败的高校毕业生。

第六，言语表达能力较强，能将自己内心的想法用语言流利表达出来的高校毕业生。

第七，身体健康，比较能吃苦的高校毕业生。

（三）择业中的挑战

机遇与挑战在大多数情况下都是并存的，择业过程也不例外。当前社会处于高速发展的时期，就业形势也非常严峻，很多就业单位在用人条件这一方面也越来越苛刻，但是当前大学生的各项素质还较低，很难适应当前社会对人才的需求，这已经成为毕业生择业与就业的最大挑战。对于高校毕业生来说，挑战指的就是在择业过程中遇到的挫折与困难以及这些挫折与困难给毕业生带来的心理失衡，其中最主要的就是挫折感。

大学生在择业过程中遇到挫折实际上是很常见的，遇到挫折并不可怕，重要的是怎样面对这些挫折，并且最大限度的满足自己对工作的需求。高校大学生也只有在正确对待挫折的情况下，才有可能找到适合自己的工作。

1. 因主观因素引起的挫折

第一，缺乏自信心。高校毕业生在择业过程中，自信心是择业成功必不可少的关键因素。很多高校毕业生都是职场小白，即使一些大学生参加过社会实践，但是对工作的认识仍然是非常浅显的，因此初次接触社会工作的高校毕业生在心理上难免有一些发怵，总是认为自己不如那些有工作经验的职场老手，对自己严重缺乏自信心。在自信心不足的情况下，毕业生很容易在面试官前表现得不自在，举手投足之间都显示了自己的不自信。即使是遇到了很好的就业单位，有些毕业生仍然犹豫不决，举棋不定，导致自己与成功就业失之交臂。

第二，缺乏独立性。当前有很多高校毕业生由于社会经验严重缺乏，心理上成熟的也比较晚，经济上更是无法实现独立，对自身的社会角色和社会地位也没有清晰地认识，当面对较为复杂的社会情况时，不知所措，这是当前大学生缺乏独立性的表现。缺乏独立性的毕业生，很难做到自主择业，从而过分地依赖自己的家人、老师和朋友，这样一来，毕业生最终选择的工作可能并不是自己喜欢或者擅长的。缺乏独立性的毕业生总是希望有人能够帮助他们，帮助他们做决定，从而无法自主地掌握自己的命运。缺乏独立性的高校毕业生在现实生活中还无法处理他们遇到的各种冲突和矛盾，当面对困境的时候他们极易产生自卑、自怜等负面情绪。

第三，缺乏正确的自荐方法。自我推荐对于毕业生找工作来说至关重要。高校毕业生要想让用人单位对自己产生兴趣、较为清晰而全面地了解自己，就需要毕业生在面试官面前做好自我推荐，把握住每一次自我推销的机会。"自荐"往往是毕业生让用人单位选择自己的第一步，是一次不见面的"面试"，其决定着用人单位是否愿意与毕业生进行进一步的接触。在现实生活中，一些毕业生在择业过程中使用了不适当的自荐方法，要么自荐材料准备不够充分，不能恰当地、实事求是地表达、介绍自己，要么就是在自荐过程中过于自信，给面试官很不好的印象，从而与机会擦肩而过。

第四，未掌握面试技巧。毕业生在择业的过程中，用人单位通常都比较习惯于使用问答的方式对求职者进行考核，因为面试一般都比笔试要更加灵活，且面试询问的内容也更为广泛，面试不仅可以对求职者的业务能力进行考核，同时还可以通过面试过程中求职者的回答判断出求职者的语言表达能力和临场应变能力，可以说，到目前为止，面试已经成为大部分用人部门选拔人才的一个必不可少的环节。从现实情况来看，有很多毕业生都会因为没有掌握面试技巧而与成功失之交臂。

2. 因客观因素引起的挫折

第一，性别歧视。在现实生活中，通常女性毕业生的求职障碍要比男性毕业生多很多，原因之一就是有一些用人单位会性别歧视，认为女毕业生有很多事都不能做或者不会做。即使有的女性毕业生品学兼优、德才兼备，但是用人单位还是会选择那些才华平平的男性毕业生，这样的现实情况会使女性大学生产生强烈的心理冲突，会陷入极端苦恼的状态，让女性毕业生增添了更多的烦恼。从客观条件来讲，女性在择业的过程中确实不占优势，其各方面的竞争力也普遍弱于男性，这会导致女毕业生出现自卑感，从而导致女毕业生在择业过程中缺乏主动性，且容易产生不公平的心理情绪。

第二，深造选择。临近毕业之时，有的大学生选择了毕业找工作，而有的大学生则选择继续读研深造。当选择就业的大学生忙于奔波中时，考研的大学生却在埋头学习，积极地为考研做着准备。考研对于当代毕业生来说无疑是一次很好的深造的机会，同时它也为大学生择业提供了更好的机会，因为就社会就业总体学历来看，研究生就业终究比本科就业要简单一些。考研确实是毕业生不错的选择，但是并不是每一位毕业生都能顺利通过研究生考试，也并不是每一位考研者都进入了自己心仪的高校，所以对于考研的毕业生来说他们依然要做两手准备，这就不得不增加了毕业生的就业与考研压力。用人单位通常不会为毕业生的实际遭遇考虑，而是只想到自己单位需要怎样的人才，因此对待毕业生的态度就是要么放弃考研和公司签协议，要么继续考研但是放弃工作机会，这不得不使毕业生陷入两难的境地。

第三，恋爱困扰。高校的大学生相比于中学阶段要成熟很多，而且宽松而闲散的大学生活很容易促使大学生谈恋爱。恋爱中的大学生通常很少为自己的未来做充分的考虑，在临近毕业时没有工作目标，也没有工作去向，对未来几乎是毫无计划，这也为毕业生就业带来的阻碍。即使有些大学生在恋爱的时候就规划好了未来，但是计划永远赶不上变化，两个人很少有真正在同一个城市就业的，最终还是选择了分离；当然了，也有为了彼此而放弃自己的工作的，放弃自己工作的那个人就要重新找工作，而社会上找工作远比在学校签约要难得多。

第四，竞争不公。从当前社会就业情况来看，尽管有很多用人单位都有了完善的录用人才的程序，但是由于市场经济的发展还不够充分，各种规章制度还有待完善，因此毕业生在就业的时候难免会遇到一些不公平的现象，这些不公平现象也加剧了毕业生就业的难度。在现实生活中，我们不得不承认，有很多用人单位在录用人才的时候确实存在着一些不正之风，比如有一些家庭条件较好的毕业生虽然能力平平、学习成绩一般、毕业院校也很普通，但是通过各种渠道还是进入了较好的单位，这会让那些凭借努力取得好成绩的毕业生心理产生不满情绪，"关系户"的存在也会大大加剧"非关系户"毕业生找工作的难度。这种不公平现象也是当前阻碍毕业生找到理想工作的重要障碍。

但是挫折的存在并不都是坏的，一帆风顺也不一定都是好的。每一个人都有着巨大的潜力，而挫折往往会使一个人的潜力被发掘出来。当前高校毕业生是社会成员的重要组成部分，面对挫折应该勇敢地克服，而不是逃避或者屈服，要有坚强的信念，有永不言败的精神，所有的失败都是一时的，人生不可能总是碰壁。只有拥有了强大的心理素质才会无所畏惧，才会使自己在找工作时充满自信，最终博得大家的认可与赞扬。

二、大学生的就业心理准备

高校大学生在临近毕业的时候应该做好各个方面的准备，尤其是培养自己良好的择业心态，心理准备也是毕业准备中一个非常重要的部分，只有拥有了好的心态并且作了充分的准备才能在择业过程中找到自己喜欢的且令自己满意的工作。但是就目前我国毕业生就业心态来看，有很大一部分毕业生都没有调整好自己的择业与就业心态，因此就出现了"高不成，低不就"的就业情况。大学生活实际上和现实的工作生活还是有一定的差距的，大学时期，学生们的学习、生活几乎都是学校安排好的，生活费也是家人提供，大学生几乎什么都不用自己操心，但是进入社会之后大学生要独自承受各种压力，没有了家人和学习的庇护，很多大学生都一时无法适应这样的生活。

第一，毕业生对自己的认知缺乏完整性。自我认知指的就是毕业生对自己的性格、气质、兴趣、能力等个性心理特征的全面认识和把握。由于各种各样的原因，当前的大学生对自己的认识严重缺乏完整性，通常表现为对自身气质类型、个性倾向等了解不充分。高校大学生无法正确认识自己，就不能对自己的职业进行合理的定位，从而导致择业迷茫或者就业不理想的现象。

第二，毕业生未进行及时的角色转换。角色转换指的就是由原来无忧无虑的高校大学生转换为现实生活中的社会求职者。大学是一个非常美好的地方，没有繁重的学习任务，也不需要自己挣取生活费，只需要学习好就可以了，但是社会是残酷的，它不会同情任何一个人，毕业生从安逸的大学生活突然进入充满了竞争压力的现实社会难免会不适应。高校毕业生要想在毕业之后找到一份合适的工作就必须及时地转变角色，正确地看待自己在社会中的地位，摆正自己的位置，客观、冷静地进入求职状态，只有这样才能尽快找到一份令自己满意的工作。择业过程中，高校毕业生通常表现出以下几个方面的特点。

心理素质比较差

大学生在择业就业面前，表现为缺乏积极的心理准备，感到比较紧张，比较苦恼，甚至有的大学生感到很焦虑，不知所措；表现为易抑郁，情绪易变化，易担心，显得烦躁不安；易忧愁伤感，情绪低落。

抗挫力比较缺乏

大学生虽然具备了一定的知识素养，而且精力充沛，有积极的进取精神，有独立思考的良好习惯，能积极地面对现实。但是由于缺乏社会阅历，又是初次就业，面对越来越激烈的择业竞争，往往显得应变能力比较差。尤其是在择业中遇到困难、受到挫折的时候，常常会感到不知所措，束手无策，不善于冷静分析、沉着应对，而是显得焦躁不安、情绪低落、甚至是自暴自弃。

职业选择的不稳定性和多变性

大学生在择业中的不稳定性和多变性，具体表现在：一些抢手的热门专业毕业生，面对众多的需求单位挑挑拣拣，举棋不定；一些主要面向基层就业的农、林或工科毕业生，虽能意识到基层和艰苦行业需要人、锻炼人，但又怕过艰苦的生活，担心基层人际关系复杂，将来无出头之日；一些学历层次低、专业不热门的毕业生想通过升学、考研改变被动局面，却又决心不大，下不得苦功夫，犹豫不决；一些毕业生在择业中这山望着那山高，或想去这家又想着去那家，或觉得这家不满意那家也不理想，或今天与这家签了约明天又想到毁约，等等。这种择业的不稳定性和多变性，往往造成当断不断，错失良机。

择业价值趋向商品化

随着利益观念影响的日益加强，大学生择业主导思想的商品意识不断加强，功利色彩日益浓厚。一些大学生把物质利益作为衡量个人价值的唯一标准，往往选择那些能迅速使自己的知识转化为金钱的单位，因而不少大学生赞同"有理想不如有钱，成才不如发财"的观念，商品化选择趋向正影响着当代大学生。

> **择业期望值过高，追求自我价值实现的愿望强烈**
>
> 大学生择业期望值高主要表现为：相当多数的大学生把工作的地点选定在大城市，以及东部沿海经济发达地区和中心城市；在单位的选择上，很多学生看中党政机关公务员，收人高且发展前景良好的外资或合资企业，条件好、工作稳定的教师行业或部队也使越来越多的毕业生看好；工资福利待遇也是众多毕业生关注的重点，月薪低于千元以下的单位几乎无人问津。大学生追求自我价值的实现，这理所当然，希望能有一份发展前景好、工资待遇高的工作，也在情理之中。问题是，超越客观现实，不能给自己一个准确的定位，盲目追求过高的择业期望，只能使自己在择业中屡战屡败，四处碰壁，到头来吃亏受挫的只能是自己。

三、培养良好的择业心态

（一）正视社会现实

随着参加高考的考生越来越多，高校的招生规模也在不断地扩大，我国的高等教育正在从"精英教育"转变为"大众教育"，由于高校的扩招使得很多高中毕业生都成功地进入了高校，如今大学毕业生越来越普遍，于是当前的高校大学生逐渐丧失了原有的学历层次的优越性。而且随着我国经济改革的发展，国企制度也发生了很大的变化，国家机关和事业单位改革使很多人员被迫下岗，这些下岗的人员就需要重新就业，这种情况更使原本并不充裕的就业岗位显得更加紧张，高校毕业生的就业竞争压力也进一步加大。面对如此激烈的就业竞争形势，大学生在高校就读期间就应该对社会就业形势有所了解，同时对社会所需要的人才要求以及用人单位的用人倾向有所了解，在校期间努力把握就业机会，争取在毕业离校之前就能够找到一份令自己满意的工作。

1. 了解社会

由于大学生的数量越来越多，高校毕业生就业制度也在不断地改革，所以原本"统包统分"的就业模式发展到当代已经完全被打破，取而代之的是在国家政策、方针的引导与支持下，高校大学生进行自主择业，用人单位也可以根据自己工作岗位的需求自主挑选、录用人才。正是这种制度促使了目前工作岗位"双向选择"的局面，为用人单位和毕业生都提供了充分的选择空间。

我国经济虽然取得了快速发展，但是有些工作岗位依然处于人才紧缺的状态，这一方面是用人单位要求太过严格，一方面由于毕业生择业就业观念不正确。

当前社会尽管大学生的数量在增加，但是大学生的质量却并没有明显的提高，有很多大学生专业素养不高、业务能力不强，无法胜任用人单位提供的岗位，导致用人单位的岗位需求与毕业生自身素质不匹配，这就导致了当前大学生就业困难、用人单位招人困难的现象。因此高校毕业生应该尽早了解社会上的工作岗位需求，自觉提高自身的综合素质与专业素养，正视当前社会现实。每一位即将离开学校、走上社会的高校毕业生都应该对以下几个方面做充分的了解。

首先，高校大学生在毕业之前就应该对国家有关于就业的方针、政策有所了解，同时根据自己的择业与就业意愿筛选出对自己有利的消息，为毕业找工作做充分的准备。

其次，高校大学生在毕业之前应该对社会工作需求的相关信息进行了解。近几年，国家公务员考试成为大部分毕业生的第一选择，毕业生毕业之后都希望自己能够进入国家机关，进入一个好的单位，但是同样是国家公务员，那些偏远地区、基层单位却很少有人愿意去。我国偏远地区和基层单位迫切需要人才的填补，高校毕业生应该避开竞争压力较大的发达地区，选择较为偏远的或者基层单位。

最后，高校大学生在毕业之前应该对用人单位对人才的需求做充分的了解。当前社会经济发展竞争压力大，各个用人单位都希望能够得到专业素质高、业务能力强的综合型人才，用人单位不仅要求毕业生要具有较高的政治素养和较为扎实的基础知识，还需要毕业生有广阔的知识面，较强的开拓精神和实干精神以及良好的身体素质和健全的心理素质。

总而言之，从当前用人单位对人才的要求来看，用人单位的条件越来越严格，对当代毕业生的素质要求和能力要求也越来越高。所以，当前的高校大学生应该在毕业之前就社会有一个清晰的认识，对就业形势有充分的了解，正确地看待自己在现实社会中的地位，从自身实际出发，选择适合自己的工作岗位。

毕业生除了要对上述三个方面有清晰的认识之外，还需要对了解我国当前的社会经济发展现实和就业前景，具体来说，高校毕业生在择业的过程中，需要做好以下几点心理准备。

第一，择业是一个"双向选择"过程，用人单位可以对毕业生进行自主选择，毕业生同样可以对用人单位做出选择。而且择业是一个较为漫长而复杂的过程，不是一蹴而就的，需要毕业生有足够的耐心和信心，同时时刻做好被拒绝的准备，做最坏的打算往往才能够收到最好的结果。

第二，当前社会经济高速发展，社会为高校毕业生提供的就业机会是非常多的，但是毕业生一定要有足够的耐心，用心挑选适合自己的工作，不能因为急于找到工作而随意与用人单位签约。

第三，当前大部分用人单位都会对毕业生的专业有所要求，但是入职以后用人单位看的更重的是一个人的能力，如果没有能力即使学历再高也是没有意义的。因此高校毕业生在校期间不仅要努力学习自己的专业知识，同时还要努力提高自身能力。

第四，我国较为发达的一线城市通常会对毕业生的学历、证书和政治面貌做出要求，他们普遍认为在校期间有过管理经验的毕业生更适合用人单位的用人要求。

第五，当前高校毕业的大学生越来越多，重点学校毕业的学生也是越来越多，因此毕业生的就业压力越来越大，高校毕业生还是应该有自己的真才实学，用自身才能取得用人单位的认可。

第六，高校毕业生在择业的过程中一定要根据自身情况，可以征求他人意见，但是最终决定做什么还是要由毕业生自己决定。

第七，尽管在择业过程中会出现一些不合理从现象，但是只要自身有实力就一定会博得用人单位的认可，从而被用人单位录用。

第八，毕业生在择业时要有一个平衡的心态，即使是失败了也可以重新再争取，不气馁，不灰心，将失败看作人生常态，总有成功的一天。

第九，毕业生需要注意的是，就业是一个人一辈子的事情，所以毕业生一定要选择自己喜欢的，并且愿意长期做下去的工作，经常更换工作并不是一个明智的选择，但是如果毕业生发现当前的工作不适合自己也可以尽快更换。

第十，身体素质是一切工作的物质基础，没有良好的身体素质即使有再强的业务能力也无济于事。

2. 适应社会

高校大学生之所以要了解当前社会的各种状况是为了能够更好地适应这个变化多端的社会，是为了让高校大学生尽快找到适合自己的工作，也是为了让高校大学生有一个更加美好的未来。高校大学生只是对社会有所了解还是不够的，适应当前社会才是最为重要的，适应社会是毕业生择业与就业的基础，是大学生心理健康的重要体现。对于当前高校毕业生来说，所谓的适应社会就是面对社会时不悲观、不彷徨，提高自身的竞争意识，树立正确的择业与就业观念，将自己所学的理论知识充分应用到现实工作中，积极发挥出个人优势，并且能够根据社会的发展与需求及时调整择业与就业期望，使自身的心理素质得到优化。

高校大学生适应社会的重要体现就是能够树立正确的择业与就业观念并且能够确立合理的择业目标，观念是一切行为的基础，只有树立了正确的观念才能够很好地适应当前千变万化的社会。通常情况下，高校毕业生是否树立了正确的择业观念，主要是看其能否遵循"发挥自身优势，服从社会需要，有利发展成才"
的原则。

"发挥自身优势"

"发挥自身优势"就是择业要有利于发挥自身的素质优势。
大学生在择业时，要根据自己的能力水平，以及特长或优势来选
择职业，以便今后能在工作岗位上充分发挥自身优势，更加出色
地完成任务。这个原则不仅可以体现人尽其才、才尽其用的要求，
而且也体现了对事业、对社会负责的精神。

"有利于发展成才"

"有利于发展成才"就是大学生在选择职业时，不要被社会
时尚、经济利益、从众心理等因素干扰，要根据自己的特点，树
立以事业为重的思想，选择有利于发展，有利于成才，能充分发
挥个人才能的适合于自己的职业，不要为满足某一个条件而忽视
有利于成才的原则，影响了个人的发展。更不可不顾自身能力水
平和特长而盲目择业。有些毕业生能力达不到用人单位的要求，
一经双向选择，要么不战而败，要么屡试不中，有些毕业生追逐
大城市、大机关、效益好的单位，但因数量有限而不能如愿，还
有些毕业生不愿去基层建功立业。因此，大学毕业生应充分认识到，
无论从事什么样的职业，只要能做出贡献，就能受到人们的尊重。
在择业时应分析利弊、分清主次、合理取舍，考虑选择的职业应
是有利于发展成才的职业。

"服从社会需要"

"服从社会需要"就是大学生在选择职业时，应把社会需要
作为出发点和归宿，以社会对个人的要求为准绳，去认识和解决
择业问题，进而决定自己的职业岗位。在选择岗位时，既要看到
眼前的利益，又要考虑长远的发展；既要考虑个人的因素，也要
自觉服从社会需要，将自己的人生目标与国家和社会的需要紧密
地联系在一起。

在现实生活中，有很多毕业生在择业过程中会出现很多不适应现象或者不健

康心理，这一现象从本质上来说都是由于择业观念错误而导致的，而择业观念的错误又是由于当前毕业生就业信息不畅通导致的。所以，毕业生在临近毕业的时候应该对社会上的各种就业信息进行及时了解与处理，筛选出对自己有利的就业信息。

（二）客观分析自我

高校大学生随着知识的积累与阅历的增加，在各方面都呈现出比中学生更加成熟的状态，大学生看待问题的时候通常会从更加深刻的角度去认识问题、评价问题，但是高校大学生在自我认识这一方面还缺乏深刻性、全面性。高校大学生在认识自我的时候总是会对自己评价过高或者评价过低，这种自我认识的偏差是毕业生择业失败的一个最主要的原因。所以，高校大学生在真正地走上工作岗位之前需要对自己有一个更加客观而全面的认识，对自己的性格特点、特长爱好等有所了解，同时对自己做出一个实事求是、恰如其分的评价，只有正确地评价了自己才会在择业中选择适合自己的工作，才会择业与就业成功。

1. 气质与职业的联系

个人气质与职业之间有着密切的联系，因此高校毕业生的个人气质是毕业生择业的一个重要参考因素，气质是择业成功的关键。气质通常可以分为四种类型：胆汁质、多血质、黏液质和抑郁质，这四种气质中，无论是哪一种都有其积极的一面，也有其消极的一面。个人气质对个人所从事的工作性质和工作效率都有着显著的影响，除此之外，气质还与个人事业的成败、个人职业类型的选择有着密切的关系。胆汁质、多血质、黏液质和抑郁质这四种气质类型都有其各自显著的特点。

首先，胆汁质的人通常充满了活力，性格直率、充满热情，容易激动也容易暴躁，有着强烈的情绪体验，神经活动也有较强的兴奋性。胆汁质的人通常可以为工作投入最大的热情，积极克服工作中遇到的各种问题；但是如果胆汁质的人对自己的工作失去了兴趣，那么他的情绪很快就会降低。此类人适宜竞争激烈、冒险性、风险意识强的职业，如探险、地质勘探、登山、体育运动等。

其次，多血质的人性格十分活泼、好动，有着快速的反应能力，对环境的适应能力也较强，喜欢与他人交往。多血质的人通常有着很强的工作能力，容易进入兴奋状态，但是这一类人的注意力容易分散，个人兴趣也较容易转移。多血质的人在职业选择这一方面范围较为宽泛，机会也会相对较多，比较适合从事需要迅速灵活反应的工作，如导游、外交、公安、军官等，但不适合从事重复性强、工作内容较为单调的工作。

再次，黏液质的人相比与前两者来说比较安静、沉稳，这一类人情绪不容易表现出来，但是灵活性较差，工作也会刻板一些。黏液质的人有着较强的自我克制能力，能埋头苦干，态度稳重，不易分心，不易习惯新的工作，善于忍耐。这一类人比较适合从事稳定性强、较为细致且具有持久性的工作，比如会计、法官、管理人员、外科医生等，但不适宜从事具有冒险性的工作。

最后，抑郁质的人通常对人、对事都比较敏感且行动方面较为缓慢。这一类人有着较强的情感体验、敏锐的观察力，通常善于发现别人不易察觉的事物，但是这样的人也比较容易陷入疲倦、孤僻，工作的耐受性不强，遇事非常的谨慎小心。抑郁质的人适合精细度高、敏锐性强的工作，比如哲学、理论研究、应用科学、机关秘书等。

综上所述，不同气质类型的人适合从事的工作性质也有所不同，因此高校大学生必须对自身气质有清晰的了解，并且能够根据自身气质选择合适的工作岗位。

2. 性格与职业的选择

性格是个性心理特征的核心意义，其对人们的心理面貌进行了集中的反映，曾经有人说过：一个人的性格体现通常不仅表现在他做了什么上，还表现在他具体是怎样做的。因此不难看出，性格与职业的选择也具有密切的联系。

人物的性格特征通常表现为一个人的做事风格，行为方式以及对现实社会的态度与观点，具体表现在对待国家、集体、他人和自己等几个方面上，对毕业生的职业选择有着直接的影响。如果一个毕业生连国家发展与社会进步都不关注，那么他在择业方面一定存在很大的障碍。毕业生对待集体、他人以及自己的态度也对毕业生的择业有着重要的影响。通常情况下，那些自私自利、孤傲暴躁，对社会和他人都漠不关心，对社会行为漠视，违背社会公德的人都无法受到社会的欢迎，同样也很难有用人单位选择这一类人，最终导致这一类人在未来事业方面难有较大的成就。

高校毕业生对待工作与学习的态度通常也会直接影响到其择业结果。一般来说，那些有着积极的工作态度、对学习与工作认真负责的人都会比得过且过、工作马虎的人更能够找到适合自己的工作岗位。通常来说，前者的适应性要更强一些，而且当前是经济社会，只有认真负责，对工作一丝不苟的人才会受到用人单位的欢迎。

性格中的意志特征与职业的选择也有着非常密切的关系，如果一个人缺乏坚强的意志，那么他通常很难顺利找到适合自己的工作，即使是暂时找到了也不会在这一工作岗位上有所成就，因为在工作中遇到挫折和障碍是很常见的事情，没有什么事是一直顺利的，强大意志力的缺乏会严重影响到毕业生未来的工作。缺乏坚强意志的人一般不能从事耐力性强的工作，比如科研人员、外科医生等；自制能力差、性格怯懦且较为任性的人也不适合从事管理层和其他的一些社会工作。霍兰是美国著名的心理学家，他提出了人物性格类型与职业相匹配的著名理论，他认为：学生的性格类型、学习兴趣和将来的职业准备密切相关。霍兰将人的性格分为六种：现实型、研究型、艺术型、社会型、企业型和常规型。

现实型

现实型的人喜欢有规则的具体劳动和需要基本技术的工作，这类人擅长技能性职业、技术性职业，但往往缺乏社交能力。

研究型

研究型的人喜欢智力的、抽象的、分析的、推理的、独立的定向任务，这类人擅长科学和技术方面的职业，但往往缺乏领导能力。

艺术型

艺术型的人喜欢通过艺术作品来表达自己的思考和情意，爱想象，感情丰富，不顺从，有创造力，习惯于自省，擅长艺术、文学方面的工作，但往往缺乏办事员的能力。

社会型

社会型的人喜欢社会交往，出入在各种社交场合，关心社会问题，愿为团体活动工作，对教育活动感兴趣，往往缺乏机械能力，但擅长教育工作、社会福利工作。

企业型

企业型的人性格外倾，爱冒险，喜欢担任领导角色，具有支配和使用语言的技能，但缺乏耐心和科研能力，擅长管理、销售等工作。

常规型

常规型的人喜欢有系统、有条理的工作，具有安分守己、务实、友善和服从的特点，此类人适宜从事办公室职员、办事员、文件档案管理员、出纳员、会计、秘书等工作。

综上所述，性格对大学生择业有着重要的影响，因此高校大学生在择业过程中一定要对自己的性格特征有充分地了解，避免盲目择业，毕业生择业的时候不仅要考虑到社会、国家需要，同时还要结合自身性格特点，明智择业。

3. 兴趣对职业的影响

兴趣是个体积极探究事物的认识倾向，这种倾向有着明显的特征：稳定性、主动性与持久性。通常一个人的兴趣可以是多个方面的，比如精神的、物质的、社会的等等。如果高校毕业生按照自己的兴趣去寻找工作，那么通常他在工作的时候就会充满激情，产生高度的积极性，那么其在工作中就越容易有所成就。反之，如果毕业生从事的工作是自己不喜欢的，那么其积极性就会被严重挫伤，在未来工作中也有可能一事无成。通常说，兴趣是最好的老师，是一个人付出努力的最大动力，是一个人成功的前提与关键。兴趣并不是天生的，而是通过后天的努力而逐渐培养出来的，兴趣一旦形成就有了相对稳定性，不容易发生改变。兴趣的形成通常也和一个人的内在个性有密切的联系，所以高校毕业生在择业过程中，应该将工作与个人兴趣联系起来。兴趣对一个人的职业选择有着重要影响，会为毕业生的工作提供源源不断的动力，但是并不是所有的兴趣爱好都有积极的驱动作用，有时兴趣也会成为毕业生择业的困扰因素。比如有的毕业生兴趣爱好太过广泛，导致没有形成自己的兴趣特色与兴趣特长，最终在择业时未能发挥出择业优势；也有的毕业生兴趣面太窄，导致自己的能力与社会需求不相符合，无法满足社会需求；也有一些毕业生由于各种客观因素导致兴趣与自己学的专业不一致，这样也会使毕业生陷入择业困境。所以，临近毕业的大学生一定要对自身的兴趣有客观的了解，同时仔细分析个人兴趣能否为自己择业加分，如果不利于择业可以对兴趣进行及时的调整，以促使个人兴趣与社会需求相适应。

4. 能力和职业的关系

能力是一个人完成某件事情所必须具备的个性心理特征，是人们在具体的实践活动中体现出来的个人身心力量。能力通常有两个方面的内容：一般能力和特殊能力，能力是在一个人先天素质基础之上，同时受到生长环境、生活条件等客观因素的制约而逐渐形成、发展起来的，无论从事哪种职业，能力都是必不可少的因素。工作内容不同，对个体的能力要求也会有所不同。通常情况下，职业能力有九个方面的内容：一般学习能力、言语能力、技术能力、空间判断能力、形态知觉能力、职业能力、眼手运动协调能力、手指灵活能力和手的灵巧能力。比如教师、播音员和记者等职业都要求个体有着较强的语言表达能力和语言组织能力；测量、会计等职业则要求从事人员有着较强的专业技术能力；手指较为灵活的人更适合从事医生、雕刻家等职业。

个人能力与择业之间有着密切的关系，择业是施展个人才能的第一步，个人能力应该与毕业生的个人能力相匹配。很少有毕业生适合于所有职业，因此毕业生应该根据个人能力为自己做出明智的职业定位，但是其前提是毕业生对自己的能力有一个清晰而全面的认识，只有这样毕业生才能在择业中扬长避短，凭借自身的能力与优势击败竞争者。

毕业生能够对自己有一个客观而全面的认识不仅对择业至关重要，同时对于大学生的心理健康也有着重要的作用。客观分析自我指的就是毕业生能够清晰地认识到自身的优势与劣势，不因为自身优势而过高评价自己，也不因自身劣势而过分地贬低自己，只有这样才算是真正做到客观而全面的评价自己。

（三）树立科学就业观

科学就业观指的就是毕业生在正确认识自己与社会关系的基础之上，在客观评价自我、理性认识就业环境的前提下，对毕业生的就业方向进行指导，并且促进自身与社会和谐发展的正确的就业观念。毕业生在择业的过程中，每一位毕业生都希望自己得到社会的认可，希望自己有一个美好的未来，但是现实情况中，并不是每一位毕业生都能够得到社会大众的广泛认可，而且有的时候社会主张的观念并不一定与高校毕业生的个人观念相符合。在当代社会，毕业生一定要将个人发展意愿与社会利益相结合，要把个人发展与社会需要紧密结合起来，树立科学的就业观，只有这样才能够做到既符合自身利益，又符合社会整体利益，个人也才能够得到更好的发展。

（四）确立健康的心态

健康而良好的就业心态对于大学生就业来说非常重要。积极乐观的就业心态有助于毕业生克服择业过程中遇到的困难，帮助毕业生勇敢地面对择业过程中遇到的挑战，从而促使自己很快地适应当前社会的发展与职业的要求。

1. 具有平常心、自信心、恒心

第一，平常心。高校毕业生之所以希望自己能够顺利就业，是因为他们希望得到一个适合自己的岗位，每一位即将毕业走上社会的毕业生都对自己的未来充满了信心。刚毕业的毕业生几乎没有遇到过挫折，他们生活在大学校园里，生活相对来说安逸很多，然而在进入社会之后会发现无论是择业还是就业其实都是困难重重的，这个时候毕业生面对挫折一定要保持平常心态，不能过于悲观。

第二，自信心。自信心是一个人取得成功的关键因素，也是一个人不断取得进步的动力。每一位高校毕业生都应该具备这一素质，拥有择业与就业的自信心，毕业生只有相信自己的实力，相信自己的专业能力才能在择业过程中击败其他竞争者，才会在工作岗位中不断取得进步。同时毕业生一定要坚信自己能够找到自己喜欢的、适合自己的工作岗位，只有时刻保持自信才不会被困难吓倒，才会彰显出自身的优势，从而顺利找到工作。

第三，恒心。用人单位在录用人才的时候，通常一个工作岗位不止有一个符合条件的毕业生，那么如何才能在众多竞争者中使自己脱颖而出，如何才能顺利通过接下来的重重考核呢？这就需要高校毕业生保持坚定的恒心，不达目的不罢休。

2. 克服虚荣心、依赖性、功利性

第一，克服虚荣心。高校大学生毕业之后，其择业与就业的观念与目标都会受到周围同伴的影响，实际上，这就是一种择业与就业攀比心理或者择业与就业好胜心理，这种心理很有可能会改变毕业生原本的择业与就业期望值，严重的时候会与毕业生的实际能力相脱离。毕业生在与同伴相比较的过程中，过度盲目地追求自我心理平衡，实际上这种虚荣心非常不利于毕业生的择业与就业，大多数情况下，在这种心理基础上找到的工作大都不如人意，毕业生也不会长远地从事某一工作。

第二，克服依赖性。高校毕业生在择业与就业的过程中，有一部分都会缺乏足够的自信，缺乏自信心的毕业生通常也会缺乏必要的竞争意识和就业心理准备。不仅如此，缺乏自信心的毕业生通常还不愿意尝试亲自找工作，而是将这一任务寄托给自己的父母或者亲戚朋友，对家人及亲朋好友产生了极大的依赖性。有些家长也会充分利用自己的人际关系尽力为孩子铺好未来的路，为他们找到合适的工作，但是实际上这是很不利于孩子的成长与未来发展的，家长代替孩子参与社会实践，这会大大削弱孩子的亲身实践能力。

第三，克服功利性。有很多毕业生在择业过程中，都会根据自身的需求为自己的职业设定好标准，然后毕业之后就按照这一标准到某一个城市找到一份工作。比如，一些大学生毕业之后给自己设定一定要留在一线城市发展、一定要成为国家公务员、一定要在政府部门任职或者工资水平一定要达到很高的标准等，但实际上毕业生后来找到的工作可能满足了个人需求但不一定都是毕业生感兴趣或者擅长的，导致最后工作不久就面临着辞职的尴尬境地。因此，高校毕业生在择业过程中应该结合自身的实际情况，弱化择业的功利性，只有这样才能保持工作的长久进行，避免频繁换工作。

第二节 大学生择业的心理问题

随着我国经济的不断发展，改革进一步深化，高校毕业生的就业竞争压力越来越大，毕业生在面临机遇的同时也面临着前所未有的挑战。毕业生从安逸的学校走向竞争激烈的社会，走进人才市场，常常会产生各种心理矛盾和冲突，导致心理失衡，这不但影响到毕业生的择业，同时也对毕业生的心理健康造成一定的不良影响。所以，高校需要在大学生毕业之前对大学生的心理健康进行教育，这实际上也是高校对毕业生进行就业指导的一个重要组成部分。

（一）大学生择业的矛盾心理

毕业生从学校步入社会，生活、工作等方面都发生了翻天覆地的变化，其任务由原来的学习转变为了工作，在这过程中毕业生可能会出现各种心理问题或者产生各种心理矛盾，但是这并不是一个很严重的问题，完全可以通过与好友交流、寻找专业人员进行咨询等方式得到解决。通常情况下，毕业生择业过程中会出现的心理矛盾有以下几个方面的内容。

理想与现实的矛盾

当代青年学生的理想丰富多彩，大学生在择业中对理想的追求更加强烈，更加远大，他们踌躇满志，豪情满怀，准备在社会上大干一番。但由于他们涉世尚浅，对社会了解还不够深，对未来抱有幻想和不现实的成分，在择业上与社会需要存在着差距，个人理想往往脱离客观现实与主观条件。大学毕业生普遍留恋条件舒适的大城市，追求社会地位高、经济效益好的工作岗位，而不愿到边远地区或条件较差的地区去工作。在择业中他们并未真正思考自己的理想与现实之间的差距，也较少考虑所定的目标是否有利于个人的发展，甚至不了解自己的气质、能力、兴趣适合于何种工作，因而出现理想与现实之间的矛盾。

"鸡头"与"凤尾"的矛盾

在大学生中经常会发生做"鸡头"还是做"凤尾"的辩论，也就是到小地方做人才还是到大地方做闲人。这个问题由来已久，但至今也是见解各异。在大城市或者沿海开放城市，经济发展迅速，机遇相对较多，但这类地区人才相对饱和，如北京、上海这类城市，大学生到处都是，本科生不足为奇，因而，在这些地方工作只能做"凤尾"。相反，一些中等城市和广大农村地区，人才相对匮乏，本科生都不多见，到这样的地方工作，必然会做"鸡头"。然而，"鸡头"虽好但吃苦较多，"凤尾"虽然埋没人才但很安逸，这是一个矛盾，对于许多毕业生来说，它都是一个"两难选择"。"鸡头"与"凤尾"的矛盾不仅表现在择业地域方面，也表现在对工作单位的选择上。

所学专业与未来工作的矛盾

不少大学生对自己的专业看得很重，在择业中只要是专业不对口就认为不适合自己，但在现实社会中，真正完全与所学专业对口的工作是不多的，于是就产生了所学专业与未来工作的矛盾。其实，本科教育更多的是学习能力的教育，是接受新事物能力的教育，是适应环境能力的教育，因此，毕业生完全不必为学不能致用而苦恼。当前，许多大学都在强化对本科生的基础知识的培养，一些高校对入学新生不分专业，这些做法都是在淡化本科生的专业意识。国内许多大公司更是对专业看得很淡，如"宝洁公司"在招收毕业生时就根本不限制专业，仅对应聘者进行基本能力测试和面试。

择业工作与继续求学的矛盾

在高校中，考研的学生逐年递增，这一方面是因为大学生已经充分认识到知识的重要性，另一方面也说明学历在择业中仍然起着举足轻重的作用。大城市对学历的限制比较严，好单位也要求高层次人才，因而，不考研就很难找到好工作。但择业与继续求学之间常存在矛盾，一是时间上的矛盾，二是用人单位制造的矛盾（声明自己考研的毕业生往往签不到单位），这两方面的矛盾解决不好，很可能既耽误了考研又延误了找工作。

亲情与爱情的矛盾

亲情与爱情的矛盾也是毕业生经常遇到的烦恼。现在的大学生中独生子女增多，父母大多希望他们毕业后回到自己身边，尤其是女生，家长更加不放心她们独自在外地生活。那些在读书期间谈恋爱的大学生们，毕业时为了能到一起，想尽了办法，但由于父母的期盼，又增添了许多烦恼。男生希望女生到自己家乡落户，女生却希望男生到自己父母身边安家，即使双方妥协，双双留在外地，却又伤了亲人的心。

（二）常见择业心理障碍

1. 情绪心理障碍

第一，焦虑心理。当前社会纷繁复杂，毕业生走上社会之后会面临各种问题与困难，而且这些问题与困难都需要毕业生自己去解决，因此在这一过程中，毕业生会出现各种心理冲突，不知道该怎样面对现实生活，由此毕业生就会出现不同程度的焦虑。比如，毕业生会担心自己找不到合适的工作；担心自己的理想无法实现；担心自己做出了错误的选择；有些女毕业生担心自己会遭受到性别歧视等，尤其是那些在校期间本身成绩就不优异、表现不突出的毕业生，他们担心自己走上社会之后依然表现不好、工作做不好。还有一些毕业生本身性格比较内向，不善与人交谈，这些都会导致毕业生出现焦虑心理。焦虑通常可以分为两种情况：适度焦虑和过度焦虑。适度焦虑可以督促毕业生积极向上，克服困难，有利于毕业生的发展；但是过度焦虑对毕业生的身心发展是非常不利的，容易使大学生产生焦躁的情绪、意志消沉，严重者甚至发展为一种心理疾病，表现出注意力涣散、心悸、失眠、头疼等躯体性症状。焦虑心理不仅对毕业生的生活造成了严重的干扰，同时还对毕业生的求职产生消极影响。

第二，抑郁心理。抑郁心理不是一朝一夕就形成的，而是毕业生在长期的求职过程中由于屡屡遭受失败而逐渐形成的，在一次又一次的失败之后，毕业生觉得自己无法掌控自己的生活，对自己的未来也无能为力，于是便慢慢地对生活与工作失去了信心与耐心，通常表现为情绪低落、意志消沉、不思进取。这一心理的毕业生通常消极怠工，听天由命，对生活与工作都持有一种无所谓的态度，严重时可能会发展为抑郁症。

第三，挫折心理。挫折心理指的就是求职者在求职的过程中遇到了苦难和障碍一时无法克服而产生的一种紧张心理和消极情绪。高校应届毕业生由于长期的待在学校里，对社会上的经济发展情况缺乏深入的了解，对市场上的求职情况了解得也不多，所以在求职之前一般都是信心满满，但是一旦在现实生活中遭遇挫折就无法应对，从而产生挫折心理。

第四，嫉妒心理。高校毕业生在求职过程中，通常看到别人已经找到了工作或者找到了比自己好的工作就会不自觉地产生嫉妒心理。适当的嫉妒心理可以促进毕业生积极上进，对毕业生未来的发展有一定的好处，但是过度的嫉妒心理则会使毕业生的人际关系受到影响。

2. 认知心理障碍

第一，自卑心理。一些高校毕业生对自己缺乏客观而全面的认识，总是认为自己的学历不如别人、成绩没有别人好、能力也不强、职业竞争力也很弱等，对自己的过度否认就很容易使自己产生自卑心理。自卑心理会让毕业生对自己失去信心，怀疑自身的专业素养和综合能力，同时也不敢大胆地向用人单位推销自己，从而导致与好的工作机会失之交臂。长期有着自卑心理的毕业生很难看到未来的机会与希望，更不愿意憧憬自己美好的未来。容易产生自卑心理的人通常性格比较内向，不爱与人交往。性格较为内向的人通常心思比较细腻，比一般人更为敏感，而且还会情不自禁地拿自己和别人相比较，并且还能够得出自己在各方面都不如别人的结论。

第二，自负心理。自负心理就是与上述提到的自卑心理相反的一种心理，当代大学生有很多都是独生子女，他们从小生活在父母的呵护中，被父母保护得很好，没有受过挫折，也没有自己解决过困难，因此这些毕业生就会产生一种天生优越感，认为自己是"天之骄子"，同时对自己充满了自信，觉得自己学历高、能力强，毕业之后就会顺利找到一份很好的工作。在这种心理的支配下，毕业生择业就会变得很挑剔，好高骛远，不能脚踏实地，也不愿意吃苦，这就导致了毕业生错失了很多好的工作机会，到最后也没有找到适合自己的工作。在现实生活中，自负心理通常会给用人单位留下非常不好的印象，会让用人单位觉得毕业生身上有种盛气凌人的气势，很少有单位愿意录用这样的毕业生。

第三，依赖心理。依赖心理是现代毕业生普遍具有的一种心理。具有依赖心理的高校毕业生总是喜欢依靠别人做事，自己没有自主做事的能力，严重缺乏独立意识。毕业生的依赖心理主要表现为：首先，不愿意积极主动地为择业做准备；其次，不敢或者不愿意积极主动面对择业过程中的挫折与困难，而是希望家人或者亲朋好友能帮助自己找动作；最后，认为自己不是才华出众的人，择业听天由命，将希望寄托于"好运"或者"上天"，希望不通过努力就能找到满意的工作；有这种心理的毕业生很难在以后的生活与工作中取得成就，因为他们缺乏自主拼搏的精神，而这种自主拼搏的精神刚好就是当前社会所需要的，只有有了自主拼搏的精神才能为自己争取到美好的未来。

择业是毕业生由学校转向社会第一个任务，是开始自己人生征程的第一步。高校毕业生如果不凭借自己的努力去找工作，就会失去一个深入了解社会经济发展的机会。与此同时，高校毕业生通过求职可以与各大企业的人员进行沟通交流，有利于锻炼自己的交往能力，开阔自己的眼界，拓展自己的认识；毕业生如果将自己的命运交由他人掌握、把控，那么在自己的未来人生旅途中就会陷入被动地位。毕业生应该始终相信自己的命运由自己把控，选择自己喜欢的、适合自己的工作，并且凭借自己的实力努力将工作做好，只有这样才能在未来有所成就。

3. 人际心理障碍

第一，怯懦心理。具有怯懦心理的人通常都比较害怕面对挫折与困难。刚毕业的高校毕业生有多人都害怕自己在面试的时候说错了什么话导致自己面试失败，于是在面试时谨小慎微，有的时候甚至紧张得不知所措，不知道该做什么，说话也是声音颤抖、语无伦次，于是在面试中就很难将自己的才能充分展示出来，以至于失去了获得工作的机会，面试失败以后又陷入了悲观失望的状态，自我评价下降，严重影响求职自信心。

第二，冷漠心理。毕业生在找工作初期总是会遇到一些麻烦与困难，这个时候一些毕业生就会不自觉地出现情绪低迷、悲观失望、麻木等反应。遭受到一点小挫折毕业生就对自己失去了信心，认为自己能力太弱，无法改变任何事情，对待工作与生活无能为力，然后就以消极的态度对待身边的人和事，不为自己争取任何机会，对一切事物都是无所谓的样子。

4. 社会心理障碍

第一，从众心理。毕业生从众心理指的就是毕业生受到周围人群的影响，而在知觉、判断、认识上表现出符合社会公众或者周围人群行为方式的一种心理。具有从众心理的毕业生通常没有自己的分析能力，也没有独立思考的能力，个人观点、做法一律以大众为主，随大流，实际上这种行为是消极的、非常不可取的。高校毕业生在求职过程中不结合自身兴趣、能力和特点，也不从实际情况出发，只是一味地跟着身边的人寻找工作，这是从众心理的典型表现。

第二，攀比心理。攀比心理也是毕业生择业过程中极易出现的不良心态。攀比通常发生于在各方面都差不多的群体里，这一部分人认为自己与群体中的其他人有着差不多的条件，那么在工作方面也不应该与别人相差太远。毕业生一旦发现同一群体中的其他人比自己优秀了，就会想方设法超越别人，以求得一种心理平衡。如果不能达到别人的水平或者不能超越别人，就会觉得很失落，对他人产生嫉妒心理。高校毕业生通常在择业与就业的过程中，会不由自主地与他人形成对比，尤其是自己的同班同学，看到别人找到了好工作、进了好单位或者看别人留在了大城市，心理就会感到不平衡，总觉得自己应该像别人一样，也应该有一份很好的工作。但实际上，每一位毕业生的生长环境、家庭条件、社会关系都不一样，到最后落实到找工作上也会有所不同。对毕业生来说，不能只将眼光聚焦在学历上，而是应该立足于现实，从自身情况出发，努力找到适合自己的工作，而不是盲目地攀比。而且毕业生在毕业之后都是刚刚进入一个工作单位，进入一个新的环境，以后的发展谁也无法预测，可能别人的工作起点高一些，但是相信通过自己的努力也会取得一番成就，所以高校毕业生根本不需要将眼光聚焦在当下，而是应该放眼未来，为自己的未来做好谋划。

第三节 择业心理调适的基本途径

高校毕业生毕业之后，第一次择业，在这一过程中难免会遇到一些困难和问题，如果毕业生因为这种原因引发各种心理问题，那么就既不利于毕业生的身心健康也不利于毕业生择业与就业。心理调适最主要的作用就是帮助毕业生在遇到挫折与困难之后能够客观地看待困难，做好自我调节，正确地面对现实与挫折，从而排除内心困扰，有效控制和调节自己的情绪，并且能够保持一种稳定而积极的心态。

（一）自我心理调适的必要性

当在现实生活中，每一个人都难免会出现心理不平衡的现象，因此人们的心理活动总是处于一种"不平衡——平衡——新的不平衡——新的平衡"这样一个循环式的发展过程。每一个人都有着自我调节和自我控制的能力，都有能力改善自己的心境，并且找到最佳方式实现自己的理想，达成自己的目标。

高校大学生必须意识到人生实际上就是一个不断发展、不断变化的复杂过程，同时也是每一个人对社会不断适应的过程。随着社会的发展与进步，同时也伴随着人的发展与进步，社会总是不断地对人们提出新的要求，这使得刚进入社会的高校毕业生感到很不适应。这个时候就需要每一位高校大学生做出自我调整与自我改变，努力地使自己适应当前的社会环境，使自己与环境始终保持一致，只有这样才能更好地适应社会，使自己得到更好的发展。相反，如果高校大学生不能做出自我调整或者自我改变，那么就很难适应当前社会的发展，在大学生的人生发展道路上也会阻碍重重，给大学生造成巨大的心理压力。在这种情况下，毕业生就很难有好的择业结果，严重的时候还会对大学生的心理健康造成不良影响。

临近毕业是大学生找工作的高峰期，他们会不自觉地产生好奇感，好奇当今社会能够为大学生提供什么样的职位，好奇自己会选择什么样的工作岗位，做什么样的工作内容；与此同时，有些大学生还会想到如何调整自己使自己适应当前社会的发展与需求，并凭借自身实力找到合适的工作。实际上前者属于社会就业环境问题，很多情况下个人是无法决定的；但是后者却是大学生的主观问题，是大学生可以自我掌控的部分。高校大学生只有从主观和客观两个因素出发，对就业环境有了一个充分的认识，同时对自己也积极做出调整才能使自己取得更好的发展。

在现实生活中，人们如果遇到了不顺心的事通常会抱怨环境，觉得是环境的客观因素导致了这一切糟糕的事情，却很少寻找主观因素。众所周知，环境是客观因素，大部分情况下我们是无法改变环境的，但是我们可以做到是适应环境，融入环境中去，只有这样才能使事情变得越来越顺利。

这里所说的自我心理调适指的就是高校大学生根据自身实际情况以及环境对大学生的条件需求，然后对自己的心理进行控制与调节，其目的还是让大学生在未来工作中发挥出自己的最大优势，以维护心理平衡，消除心理困扰。如果大学生学会了自我心理调适，那么在今后的择业与就业过程中就会坦然面对自己遇到的挫折与困难，并且通过大学生的自我调节与控制，有效化解遇到的困难与障碍，排除择业与工作过程中的困扰，从而找到最佳途径实现自己的目标。但是，如果大学生无法进行自我心理调适，那么当它们遇到困难时就会一时难以应对，从而产生消极情绪或者对未来失去信心。所以，当代大学生必须意识到心理调适对于大学生择业与就业的重要性，从而自觉地提高自我调适的自觉性，增强承受挫折、化解冲突和矛盾的能力，及时调整自己的心理状态，促使心理健康，顺利择业。

（二）大学生进行自我心理调适的一般途径

1. 充满自信

高校大学生首先要做的事情就是对自己有一个客观而全面的认识，充分地将主观意愿和自身客观条件相结合，从而强化自己的自信心理。从当代大学生的求职情况来看，很多大学生在求职过程中都是较为怯弱、胆小的，通常大学生羞于表现自己，更无法做自我推销，这会给用人单位留下非常不好的印象，这也很可能导致大学生与工作岗位失之交臂。当前的人才市场，竞争非常激烈，大学生应该全力地表现自己，克服自卑心理，树立自信意识。

高校毕业生要想促使自己充满自信，那么在日常生活中，就必须培养自己良好的人格品质，逐渐培养自己自信、乐观、坚强的良好品质，同时要有自强不息、开拓创新的精神，从而逐渐树立起自己的自信心。现实情况中，求职者遇到挫折或者遭遇用人单位拒绝其实都是一件非常平常的事，高校毕业生应该对自己充满自信，相信自己能够解决难题，勇敢地面对困难，而不是被困难吓倒、屈服于困难。同时，高校大学生应该经常对自己美好的未来进行憧憬，这样可以为大学生的努力提供源源不断的动力，给自己希望，然后向着希望不断的努力、奋斗，最终达到理想的彼岸，找到适合自己的工作。

2. 正视社会现实

每一个人都是现实社会群体中的一分子，在现实社会中扮演着不同的角色，所以，正视社会现实是高校大学生择业过程中健康心态的重要体现，也是大学生择业过程中必须具备的一个素质。毕业生拥有积极的心态具体表现为能够正视社会现实、适应社会环境；而消极的心态则表现为逃避社会现实、与社会现实相脱离。当前社会，经济时代已经到来，社会也越来越尊重知识、尊重人才，而且随着我国市场制度的不断完善以及企业用人制度的不断完善，社会将为高校大学生提供更加公平、公正、合理的择业与就业环境，大学生也会有更多的择业选择、更多的择业机会，这也是大学生充分施展自身才华的重要保障。但是就目前的社会现实来看，社会市场经济发展还不够完善，各种制度也不够健全，而且社会上仍然会出现一些不公平的现象，所以当前社会为大学生提供的工作岗位不可能让每一位大学生都满意。因此，高校大学生一定要从自身的现实情况出发，树立正确的择业观念，敢于竞争，通过努力获得用人单位的认可。正视社会现实还表现为大学生根据社会需要选择合适的工作，而不是不切实际的追求好单位、高工资或者好待遇。每一个人的生存与发展都离不开社会现实，人无法离开社会而单独存在，因此每个人理想的实现都是建立在他所处的社会环境的基础之上的。大学生择业是大学生的人生需求，这一需求当然也受到社会条件的限制和制约。综上所述，高校大学生一定要正视自己当前所处的社会，立足于社会现实和自己素质、条件理性择业，选择适合自己的职业。

3. 培养独立意识

高校大学生已经是成年人，有为自己行为负责的能力，步入社会之后，用人单位也会将大学生看作能够为自己行为负责的成年个体，因此进入高校之后的大学生就必须要树立独立意识，不能再依赖别人，让别人为自己承担错误或者责任。首先，大学生要有意识地培养自己独立生活的能力。高校大学生应该从日常生活小事开始，刻意地训练自己独立处理问题的能力，发展自己的各项技能，包括生活技能、工作习技能等，刻意地摆脱父母与亲朋好友的关心与呵护，学会独立。其次，高校大学生要培养自己独立处理学习、工作中遇到的问题的能力。高校大学生需要充分发挥自己的创造性，不要等到家人或者老师安排之后采取完成，而是有一定的发现问题、发现工作的能力，在顺应环境的基础上适应环境，让环境为自己的工作服务。再次，高校大学生要从根本上获得独立：思想上和心理上。高校大学生要从思想上意识到自己将来要走的路，要有自己的观点和想法，为自己设定一定的奋斗目标，能够独立处理各种问题，使自己的思想体系不断得到发展与完善；高校大学生最重要的就是要获得心理上的独立，其中自信心是心理独立的关键，不管是顺境还是逆境，都应该勇敢地面对，并且相信所有的困难都是一时的，只要自己努力总是可以克服的。高校大学生要做到自尊、自爱、自信、自强，始终保持乐观进取、积极进取的心态。

4. 正确对待挫折

面对挫折的态度就像是一块试金石一样，它能够体现出一个人的心理是否健康，能否勇敢地面对挫折。如果一个人没有健康的心理，那么这个人就很容易知难而退，甚至陷入极端情绪。每个人的求职历程都不是一帆风顺的，高校大学生在求职过程中应该保持一个健康的心理以及积极向上的态度，即使是遇到了困难也不要退缩，保持清醒的头脑，认真分析问题、解决问题。高校大学生在遇到挫折的时候只有经过了自己认真分析，才能知道问题出现的原因是什么，也才能够对症下药，尽快地解决问题。有的高校大学生在求职初期由于连续碰壁就开始灰心、垂头丧气，不愿意再给自己一次求职的机会，这样最终只能导致自己求职无望，事业无成。所以，要勇于面对挑战，知难而进，百折不挠。通向成功的道路从来都不是平坦开阔的，而是布满了荆棘、充满了泥泞，只有勇于克服困难的人、勇于迎接挑战的人才能通向成功的彼岸。对待挫折不是被动适应和一时忍耐，而是应该在逆境中成长，在困难中成熟，成为一个勇于克服逆境的人。

（三）心理调适的具体方法

高校大学生应该善于控制自己的心境，对不平衡心理进行自觉调整，增强心理素质，始终保持乐观向上的情绪。下面是几种常见的心理调适方法。

自我激励法

自我激励法主要指用生活中的哲理、榜样的事迹或明智的思想观念来激励自己，同各种不良情绪进行斗争，坚信未来是美好的，因为失败、挫折已经成为过去，要勇敢地面对下一次，尽可能地把不可以预料的事当成预料之中的，即使遇到意外事件出现或择业受挫，也要鼓励自己不要惊慌失措、冲动、急躁，而是开动脑筋、冷静思考、寻找对策。大学生在择业过程中，要相信自己的实力，通过自我激励，增强自信心，消除自卑感，保持良好的情绪和心态。

注意转移法

注意转移法即把注意力从消极情绪转移到积极情绪上。当不良情绪出现时，可以采取转移注意力的方法寻找一个新颖的刺激，激活新的兴奋中心以抵消或冲淡原来的兴奋中心，使不良情绪逐渐消失。如：听听音乐，参加体育运动，进行自我娱乐，接受大自然的熏陶，参加有兴趣的活动等，使自己没有时间沉浸在因各种原因引起的不良情绪反应中，以求得心理平稳。

适度宣泄法

当遇到各种矛盾冲突，引起不良情绪时，应尽早进行调整或适度宣泄，使压抑的心境得到缓解和改善。宣泄的较好方法是向你的挚友、师长倾诉你的忧愁、苦闷，使不良情绪得到疏导。在倾诉烦恼的过程中，可以获得更多的情感支持和理解，获得认识和解决问题的新思路，增强克服困难的信心。也可通过打球、爬山等运动量较大的活动，消除压抑心理，恢复心理平衡，但应注意场合、身份、气氛，适度宣泄应是无破坏性的。

合理情绪疗法

合理情绪疗法认为，人们的情绪困扰是由于不正确的认知即非理性信念所造成的，因此，通过认知纠正，以合理的思维方式代替不合理的思维方式，就可以最大限度地减少不合理的信念给人们的情绪带来的不良影响。例如，有的大学生择业不顺利就怨天尤人，认为"人才市场提供的岗位太少"，"用人单位要求太高"，其原因就在于他只从客观上找原因，认为"大学生择业应当是顺利的"，"社会应该为大学生提供充足的岗位"，正是由于这些不正确的认知信念，造成了他的不良情绪，而这种不良情绪恰恰来自他自己。所以，如果能改变这些不合理的观念，调整认知结构，不良情绪就能得到克服。大学生运用合理情绪疗法时要把握三点：第一，要认识到不良情绪不是源于外界，而是由于自己的非理性信念所造成的；第二，情绪困扰得不到缓解是因为自己仍保持过去的非理性信念；第三，只有改变自己的非理性信念，才能消除情绪困扰。

自我安慰法

自我安慰法又称自我慰藉法，关键是自我忍耐。在择业中大学生常常会遇到挫折，当经过主观努力仍无法改变时，可适当地进行自我安慰，以缓解动机的矛盾冲突，解除焦虑、抑郁、烦恼和失望情绪，这样有助于保持心理稳定。在因受挫折而情绪困扰时，可用"亡羊补牢，犹未为晚""塞翁失马，焉知非福"等话语来做自我安慰，解脱烦恼。

松弛训练法

松弛训练法也称放松训练法，它是一种通过训练有意识地控制自身的心理生理活动，降低激素水平、减低紧张及减轻焦虑，改善机体紊乱功能的心理辅导方法。一般来说，其方法是紧缩肌肉，深呼吸，释放现在的思想，注意自己的心跳次数等，帮助当事人经历和感受紧张状态和松弛状态，并比较其间的差异。如渐进性放松法，就是在安静的环境中采取舒适放松的坐位或卧位，按指导语或规定的程序，对全身肌肉进行"收缩—放松"的交替练习，每次肌肉收缩5—10秒，放松30—40秒，经过反复，使人自觉到什么是紧张，从而起到消除紧张达到松弛的作用。在面试时，可以采用这种方法来缓解紧张。

综上所述，高校大学生在择业过程中，应该适当地提高自我调适能力，根据自身的实际情况找到适合自身发展的道路。

第五章 大学生就业求职操作实务指导

第一节 求职材料

自荐对于大学生就业来说非常重要，其是高校大学生是否能够进入面试环节的关键因素。高校毕业生准备的求职材料是毕业生向企业展示的个人名片，可以说企业对大学生的初步印象就是来自毕业生的求职材料，所以毕业生的求职材料应该能够从多个方面立体化、准确化地反映出毕业生的个人素质与专业能力。总的来说，毕业生在求职之前一定要准备好自己的求职材料。一套制作精美的求职材料，必然会帮助求职者打开成功的大门。

求职材料包括的内容较多，主要有求职信、推荐表、履历表（简历）、成果、各类证件、健康状况证明材料、毕业生就业协议书、材料索引等。毕业生在编写的时候，可以根据自身与企业的具体情况对内容有所选择与增减。总之，毕业生的求职材料一定要是企业愿意看到的，想要了解的内容。

一、求职材料的内容

（一）求职信

求职信就是高校在向用人单位推荐自己的时候所做的自我介绍。求职信带有鲜明的自我推销特点，其本质作用就是企业通过看毕业生的求职信而对毕业生的个人能力与综合素质产生兴趣，从而取得面试的机会与资格。求职信实际上是一种很方便的求职方式，它是以书信的形式将个人能力与综合素质呈现给企业，这种方式跨越了时间和空间的限制，是毕业生求职的首选方式。需要注意的是，由于求职信是企业对求职者获得第一印象的首要来源，因此毕业生在撰写求职信的时候应该要经过深思熟虑，从容撰写，对自己的实际情况进行简单、明了的介绍，对自己的求职意愿进行适度的表达。总而言之，求职信应该能够反映求职者的真实情况，突出求职者的专业水平与综合素质，表达毕业生的求职意愿，但是切记求职信应该是真实可信的，绝对不可以弄虚作假。

（二）推荐表

与求职信有所区别，推荐表虽然也是书面材料，但是其是能够证实求职者身份、学历、成绩、能力以及现实表现的综合性的书面材料。推荐表缺乏一定的深度，但是它却可以对毕业生的个人基本情况进行全面的概括。推荐表所使用的表格一般都是由高校相关部门统一制定并打印的，表中大部分内容都是由毕业生自己填写，但是毕业生所在的院系领导也会在推荐表中填写相关内容，主要是对毕业生的综合评语以及工作推荐意见，填写完之后还有交由相关部门进行审查、签字盖章。所以，相对于求职信来说，推荐标的可信度要更高一些，一般用人单位也会比较相信和重视毕业生的推荐表。

（三）履历表

履历表就是通常所说的个人简历，其是对高校毕业生个人生活、学习以及工作经历的简要记述。制作履历表的目的是想让用人单位通过查看履历表对毕业生有一个较为全面的了解，同时也为高校毕业生赢得面试的机会。通常情况下，履历表与求职信、推荐表同时使用。

（四）成果

成果是最能够反映高校毕业生综合能力的材料。毕业生的成果主要包括毕业生在校期间发表过的论文、期刊、社会实践调查报告、小制作小发明的成果、专家评价、实习成绩、实习单位鉴定等。其中对于文科性质的专业来说，用人单位通常会注重毕业生的论文发表情况，而对于理科和工科专业来说，用人单位更在意毕业生的发明或者设计。

（五）各类证件

各类证件是能够反映学生各项技能全面发展的重要依据。各类证件主要包括毕业生的毕业证书、学位证书、各种等级证书（英语四、六级证书、普通话证书、计算机的等级证书、教师资格证书等）、荣誉证书等。实际上，除了必要的证书之外，并不是证书越多就越好，高校大学生还是要根据自己的就业规划进行有针对性的考取。

（六）健康状况证明材料

健康状况证明材料往往是由医院出具的，毕业生在县级以上的医院做体检，然后医院所使用的体检表就是毕业生的健康证明材料，高校毕业生应该对此妥善保管。健康状况证明材料是高校大学生身体状况的直接反映，为毕业生找工作打下了坚实的基础。

（七）毕业生就业协议书

高校毕业生不管是通过网上签约还是现场签约，就业协议都是毕业生与用人单位进行了双向选择之后的结果，一旦签订，双方都要对此负责，承担一定的法律责任。

二、求职信的撰写

（一）求职信的格式

1. 称呼

通常情况下，求职信的称呼都比一般的书信称呼要正规一些，所以毕业生在书写求职信的时候应该注意这一点。

2. 正文

正文是求职信中最为重要的部分，同时也是求职信的中心部分。正文的内容较为多样，也比较灵活，没有固定的模式，但其一般都会包括求职信息的来源、应聘岗位、本人基本情况、取得的成绩等内容。

3. 结尾

在求职信的结尾，毕业生应该表明自己希望得到对方的答复，并且希望自己能够得到用人单位面试的机会，同时还要在结尾表明自己对对方的敬意或者美好祝愿。比如"希望贵公司越来越好""感谢您百忙之中查看我的求职信"，也可以用"此致、敬礼"之类的通用词。

4. 署名

高校毕业生需要在求职信结尾之后的右下方署上自己的姓名。

5. 日期

求职信中的日期也是必不可少的一项内容，一般都写在署名的下面，而且最好用的是阿拉伯数字：××年××月××日。

6. 附件

如果高校毕业生想在求职信中附上自己的证书或者其他材料的话，比如学历证书、成绩单、获奖证书、技能证书等，那么毕业生就可以通过附件的形式进行添加。

（二）求职信的内容

1. 说明本人基本情况和求职信息的来源

在求职信的开始位置，求职者首先需要用"您好"之类词语对用人单位进行礼貌性的问候，如果求职者有目的地发送自己的求职信，那么在信的开头就可以直接对对方进行尊称，具体如果尊称需要视对方的身份而定。在求职信的第一个段落里，求职者可以对自己的写信意图进行简单阐释，也可以是得知用人单位招聘信息的渠道、从什么时候就开始注意这个公司的，如果用人单位中有人推荐职位给求职者，那么就可以将推荐者写进求职信中，但是注意用词要妥当。求职者在字里行间应该表现出自己的谦虚，不可以自我炫耀。

2. 说明应聘岗位和能胜任本岗位工作的各种能力

在求职信的第二自然段，应该阐述自己为什么对用人单位感兴趣，同时还要详细阐释自己的专业能力与综合素养，叙述自己能够胜任某一工作岗位的原因。这一部分通常是整个求职信的核心部分，对求职者是否能进入面试环节有决定作用。注意这些内容一定要有说服力，向用人单位说明个人的一些优势与有利条件，自己能为用人单位做些什么或者为用人单位带来什么样的利益，要写的有说服力一些，充分博得用人单位的信任，并激起对方想要了解求职者的欲望。这一部分内容实际上和个人简历里的内容是大致相同的，但是相对来说要比个人简历要简洁一些，内容也更加全面一些，而且是挑选重点来写，比如求职者发表了什么论文、创造了什么发明、个人有哪些职场技能以及个人之前实习的业绩等。下面是一个例子仅供参考：

我勤奋努力，有着良好的组织和协调能力，而且善于与人相处，几乎各种人我都能与之交往，能处理、协调好各方面的人际关系，我非常希望能够把我的知识与能力贡献给贵公司，并且希望能在贵公司取得长足的发展。

3. 表示希望得到答复或面试的机会

求职信的最后一段内容应该写出自己的希望，委婉地表达自己希望能够得到用人单位的面试机会，所以在最后一段求职者一定要向用人单位说明自己的地址以及联系方式，而且越简单方便越好。

（三）求职信的写作技巧

1. 态度真诚，摆正位置

求职者在写求职信的时候，首先应该想到的是用人单位需要什么样的人才，需要求职者来填补什么岗位，以及这一岗位都是做什么工作，也就是说，求职者不能先在求职信中写明自己需要什么，或者获得岗位后自己的报酬待遇是什么，求职阶段应该多为用人单位着想，而不是自己。有了这样的真诚态度，才能摆正自己的位置。最后需要注意的是，求职信一定要诚恳，真实，不可以自夸自傲，自吹自播，应该谦虚谨慎、充满自信。

2. 整体美观，言简意赅

求职信可以电脑打印出来，也可以手写，这里建议手写，手写的话可以让对方感觉到求职者的真诚，给人以亲切之感；不仅如此，手写文字的美观与整洁通常会引起用人单位的注意，但是如果字迹潦草的话可能就会引起用人单位的反感，而且通常说"字如其人"，如果字写得不好看，很有可能会让用人单位对求职者失去兴趣，甚至给求职者带去不好的印象而失去面试的机会。需要注意的是，不管是手写还是电脑打印，都应该注意内容不能太过冗长，一般用人单位的招聘者都比较忙，没有时间看太多的内容，而且内容太多也容易让招聘者抓不住重点，从而无法对求职者产生印象。通常情况下，求职信不能超过一页 A4 纸，而且最好保持在半页或者大半页左右，不宜太长，也不宜太短。如果求职信太短的话就会让用人单位觉得求职者太草率，没诚意，自然就会对求职者失去兴趣。综上所述，求职信一定要经过反复的斟酌再定稿，可以提前打好草稿然后进行反复修改，用词不当或者内容不合适的地方一定要及时地修改，争取做到内容适当，重点清晰明了，字体工整，卷面整洁，给人赏心悦目的感觉。

另外，求职者在写求职信的时候，需要切忌以下六点：

一忌错字连篇，主次不分；二忌长篇累牍，无的放矢；

三忌条理不清，逻辑混乱；四忌好高骛远，炫耀浮夸；

五忌过分谦虚，缺乏自信；六忌用词不当，礼节欠缺。

（四）写求职信应注意的问题

1. 求职目标、目的明确

求职者在写求职信的时候要注意求职目标、目的明确。在求职信中，求职者应该写清楚自己可以担任什么职务，担任这一职务自身具备怎样的条件和优势，为什么选择担任这一职务。需要注意的是，不能通篇都是万能的套话，也不能含糊其词、模棱两可，这样会让人觉得求职者没有真才实学，过于平庸。同时，求职信应该体现自己自信的一面，要不卑不亢、落落大方，不要含有乞求的语气在里面。

2. 实事求是

求职者需要清楚地了解到用人单位到底需要怎样的人才，然后针对用人单位的用人需求对自己进行实事求是的介绍，介绍自己的优势、长处，这实际上是一个自我推销的过程，将自己的优势充分地展示给用人单位。但是展示自己的优势并不代表自我夸大，一定要做到以下八个字：诚恳、谦虚、自信、礼貌。如果做到了以上八个字，那么求职者就会给用人单位留下良好的印象，从而更有可能赢得面试机会。

3. 语言简洁，篇幅适度

求职信不能太长，也不宜太短，一般保持在 500 字左右就可以，一定要注意求职信要做到语言简练，篇幅适度。求职信写得太多，几页甚至几十页都是没有意义的，用人单位的招聘人员根本就没有时间看，也不会仔细地将几页甚至几十页求职者的自我叙述看完，他们反而更希望看到篇幅适中、重点突出的求职信，这样看起来方便省事，而且重点突出，帮助招聘人事找出求职者的求职重点。求职信的篇幅太短也不合适，太短的话容易说不清楚问题，而且会让招聘者感觉求职者没有求职诚意。因此，写求职信的时候一定要做到语言简洁，篇幅适中。

4. 重点突出，针对性强

大体上来看，求职信的种类主要有两种：第一，具有高度针对性的求职信，这一类的求职信专门针对某一用人单位或者某一求职岗位；第二，具有普遍性的求职信，这一类求职信通常针对性不强，它适用于各种不同的用人单位、岗位，其优点就是虽然求职的用人单位不同但是也可以大量复制、随意投递，节省了求职者的大量的时间和精力，但也有一定的缺点，即由于针对性差而造成求职效果差。所以，当求职者有求职目标的时候还是应该选择第一种求职信，有一定的针对性，充分迎合用人单位的要求，成功率更高。

5. 称谓得当

求职信的称谓一般都比较正式，所以在求职信中一定不可以用"叔叔""阿姨"这一类的通俗称谓，这样的称谓虽然给人以亲切感，但是不适用于职场，过于亲热反而让人觉得反感、不正式。而且有的时候求职者并不知道查看求职信的人是男性还是女性、是年轻人还是年龄稍大的人，所以这种称谓在求职信中是非常不适合的。

三、个人简历的设计

个人简历是求职者生活、学习与工作的汇总，可以说个人简历是用人单位了解求职者的直接途径。而对于求职者来说，之所以制作个人简历也是为了让用人单位快速而全面地了解自己，从而为自己赢得面试机会，并最终获得一份较好的工作。个人简历通常以附件的形式随着求职信一起发送给用人单位，但是也有用人单位直接让求职者发送个人简历而不要求求职信的情况，具体该怎么做还是要看用人单位的具体要求。

（一）个人简历的形式

个人简历的内容通常也比较丰富，一般包括以下几个方面。

1. 个人资料

个人简历中首先应该有个人的基本情况，包括求职者的姓名、性别、出生年月、籍贯、政治面貌、婚姻状况、身体状况、兴趣爱好、性格及自己的联系方式等。

2. 学业有关内容

在个人简历中还应该包含求职者的毕业学校、在校期间的所学专业、取得的学位证书情况、专业课程的成绩、英语等级证书、计算机等级证书、普通话等级证书等。

3. 本人经历

个人简历应该对自己的大学经历做简单的叙述，包括在校期间参加的比赛、社会活动、实习经历等内容，必要的话也可以从高中写起。

4. 自我评价

个人简历中应该包含自己的个人评价。毕业生的自我评价是对大学学习生活的总结，并且还需要有求职者的班主任或者学院领导填写相关意见。这可以使求职者的个人简历更具有吸引力和可信度。

5. 所获荣誉

求职者的个人简历中应该包含求职者获取的各种荣誉，包括三好学生、优秀团员、优秀学生干部及奖学金等，荣誉的填写可以侧面反映出为求职者的优秀程度，提高用人单位对求职者的认可度。

6. 本人愿望

求职者在个人简历中应该根据个人的爱好、兴趣和特长等，表明自己适合从事什么样的工作。

（二）个人简历的基本构架

求职者在写自己的个人简历之前应该有一个整体的规划，需要提前了解个人简历都包括哪些内容，对个人简历有了初步的了解之后再着手制作，制作个人简历的时候应该包含以下几个框架。

1. 基本资料栏

个人简历首先需要包含基本资料这一栏，而且要将基本资料放在个人简历的最开始部分，这样可以让用人单位的人士第一眼就看到求职者的个人情况。

2. 学历栏

紧接着基本资料栏的就是求职者的学历栏，如果求职者的学历并不是求职者的优势之处的话，那么也可以将这一栏放在后面，然后将求职者的工作经验摆放在原来学历栏的位置。在填写学历的时候，求职者需要从高往低写，先写博士学历、再写硕士学历、最后写本科学历，从后往前推，同时还要写清楚修得学位的具体年月，始于某年某月，止于某年某月。

3. 工作经验栏

求职者的工作经验可以说是个人简历中最主要的部分，所以这一栏个人履历中最为重要的一栏，同时也是用人单位人事主管审核履历中最注重的一栏，所以这一栏值得求职者花费心思将其写好。但是一般高校毕业生都几乎没有工作经验，这个时候就可以将求职者的实习经验以及在校的社团或者社会活动经验填写进去。需要注意的是，所有的经验都应该是真实的，不应该有虚假信息，因为一般人事会根据简历上的经验问一些问题，如果是虚假经历的话就很容易暴露，不要想着瞒天过海，还是应该本着实事求是的原则填写个人简历。

4. 简历照片

求职者在制作个人简历的时候应该贴上自己的照片，照片需要是求职者穿正装或者较为正式的衣服拍摄的，一般情况下都是 2 存的彩照。在照片的穿衣打扮方面也要注意，男生通常是穿西装、打领带，头发要梳理整齐，尽可能使自己看起来比较精神；女生一定要化淡妆，穿着也要较为正式一些，不可以袒胸露背。

（三）撰写个人简历应注意的问题

个人简历是敲开用人单位面试大门的敲门砖，之所以撰写简历就是想要引起用人单位的重视，吸引用人单位的注意力，从而将自己成功的推销出去。因此，个人简历的制作非常重要，在撰写个人简历的时候应该注意以下几个方面的问题。

1. 内容全面，材料真实

个人简历包含的内容一定要是全面而真实的，使用人单位一看就能对求职者产生大概的印象，对求职者有大概的了解，比如通过简历用人单位就可以知道求职者做过什么工作，有什么工作经验，各方面的能力都怎么样等。用人单位也可以通过求职者的简历简要判断求职者是否是他们所需要的人才。个人简历中的内容都应该是真实可靠的，不虚构日期、职务、工作经历和业绩等，不夸大其词，这是每一位求职者在制作简历时的基本要求。如果求职者在个人经历或者工作经历中有不方便写的或者不利于求职者进入面试的也可以尽量避开不写，但是一些都是建立者真实这一基础之上的。比如高校毕业生由于刚毕业，在工作经验和工作经历这些方面还较为缺乏，这个时候不可以无中生有，但是可以在简历中填写与应聘工作相关的社团活动，求职者也可以在简历中突出自己勤奋好学，不怕吃苦，这样一来即使是没有工作经历，用人单位的人事看到求职者诚恳的态度也会给予任职机会的。

2. 层次分明，文字简洁，用词准确无误

求职者在撰写个人简历的时候应该尽量避免大段的文字出现，在电脑编辑的

时候尤使用一些编辑技巧对简历中的重点进行强调，比如可以使用各种不同的字体，也可以使用下划线强调重点内容等。总而言之，一定要使简历重点突出，层次分明。简历的文字编辑应该注意以下几个方面。

文字应简洁、易懂

尽量运用动作性短语，使语言鲜活有力，少用文学性修饰语；所列工作或学习的时间顺序清晰、易于理解；遣词造句力求准确，不要使用拗口的语句和生僻的字眼；避免提及不相关的信息和可能导致被淘汰的不利信息。

对简历反复检查和推敲

简历在送出之前，必须反复检查和推敲，保证不含任何印刷错误、语法错误及标点符号错误。在这些方面犯错误，往往会使求职者成为首先被淘汰的对象。因为，简历是求职者的第二张面孔，招聘者最初就是从简历上了解求职者的性格、做事的认真程度和个人文化素养的。

简历应短小精悍，令人一目了然

普通简历不要超过一页，最长也不要超过两页，而且只有那些对自己要应聘的职位有丰富且直接相关的工作经验的人才宜采用长简历。那种长篇大论、不知所云、满纸错字的简历是最不受欢迎的。而那种过于夸张和离谱的简历，不但浪费纸张，还浪费招聘者的时间，容易给人留下华而不实的印象。

3. 充分展示自己的特长

求职者在个人简历中应该充分展示自己的特长，将与求职工作有关的工作经历、技术水平、外语水平、计算机水平等特长都一一填写清楚；出来展示自己的专业特长之外，求职者也应该将自己的其他业余特长展示出来，比如书法、绘画、唱歌等，这些业余特长虽然在工作中可能用不着，但是也一定会为求职者面试加分，因为业余特长也是一个人综合素质的体现。

4. 版面设计合理、新颖、美观，制作精良

求职者在制作简历时，简历的版面设计一定要合理、新颖、美观大方。现如

今，求职者在制作求职简历的时候大多都是在电脑上制作然后在打印出来。在打印简历之前，求职者一定要对简历的格式进行仔细查看，发现有不合适的格式要及时地调整，使简历条理清晰、标志明显；个人简历的版面设计不能过于拥挤，也不能过于稀疏，段落与段落之间要调整好间距，不能挤在一起，也不能间距太大，做到版面整洁、美观、便于阅读。个人简历在打印的时候应该使用较为优质的纸张，一般都使用白色纸张打印，也可以用灰色或米色纸张，但是避免使用其他带颜色的纸张。

第二节 笔试指导

各大高校几乎每年都会举行大型的春季招聘会，一般时间会在4—7月之间，春季招聘会是面向高校毕业生特意举行的招聘会，因此对于高校毕业生来说，抓住春季招聘会尤其重要，这也是毕业生找工作的开始。一般正规的用人单位会对前来应聘的人进行笔试、面试等，这也是用人单位是否录用求职者的决定因素。所以，尽管在初步面试中，求职者举止得体、落落大方，而且富有智慧，与主考官交谈的也比较顺利，但是对于求职者来说，这只是求职的开始环节，并不能让求职者立刻被用人单位录用。一般用人单位会选择对那些印象较好的求职者进行进一步的了解，而笔试就是他们了解求职者的重要手段，考场上的表现往往能够反映出一个人的知识水平与能力高低。因此，笔试也是求职者必须面对的一个环节，也是对于求职者来说至关重要的一个环节。

通常情况下，一个正规的、有着严重的责任心的公司在对求职者进行录用之前会让求职者参加能够体现求职者能力的笔试，然后通过笔试决定是否录用求职者。本节将对毕业生笔试时用到的技巧进行较为详细的阐释。

一、笔试是求职中的重要门槛

（一）用人单位测试求职者的重要砝码

这里所说的笔试指的就是用人单位以书面的形式对求职者的专业能力和综合素养进行测试与评估。笔试能够考察一个人的专业知识、文字表达能力和书写态度，通过笔试用人单位可以观察到求职者的综合能力，使笔试成为用人单位录用人才的一个重要依据。笔试有着它不可比拟的优势，笔试可以有效防止某些人"走后门"现象的出现，同时也可以作为应聘者能力的留档记录。实际上，笔试与面试是一个相互补充的过程，比如有一些毕业生由于性格的原因在面试的时候可能发挥得不好，但是本身又有着较强的专业能力，那么在笔试中就刚好能够体现出来，弥补了面试失常的不足。笔试的成绩通常都是比较客观、公正的，而且人员筛选较为简单，只需要从高分到低分进行筛选就可以了。对于求职者来说，笔试与面试相结合的招聘方式还是比较合理、公平的，通过笔试与面试可以检验出一个人的真才实学，不至于浪费了人才，也有效遏制了"任人唯亲"的风气。综上所述，笔试通常是用人单位考察与评估求职者的重要手段，也是决定求职者是否被录用的关键因素。

（二）笔试的主要方法

从目前用人单位举行的笔试来看，其主要有三种方法：测试法、论文法和作文法。

1. 测试法

测试法实际上是各种具体方法的总称。与接下来要讲到的作文法和论文法比起来，测试法使用的最广泛，世界上有很多国家都将测试法作为唯一的考试方法，比如美国的托福考试、GRE考试等。

测试法的实施方法多种多样，但是较为常见的有以下几种。

第一，填充法。填充法也被称为填空法，其主要是为缺少词语的句子填充词语。填充法根据内容的不同可以有简单的做法，也可以有复杂的做法。

第二，是非法。是非法也被称为订正法或者正误判断法，是非法从本质上来说就是对测试内容做出正误判断。

第三，选择法。选择法就是针对某一词句或者问题提出的若干个容易混淆的解释进行选择，要求选择出正确的或者错误的那一个。

第四，问答法。问答法就是要求学生对提出的问题做出回答。问答法的问题一般都比较容易，只需要考生用较为简单的词语回答出问题即可。

在现实测试中，上述四种方法是相互配合使用的，比如选择法中通常也含有是非判断问题。

上述提到的四种方法，被认为是笔试中使用最对也是最科学、最客观的方法。对这四种方法持认同态度的人会认为其有以下几个方面的优点：第一，这些方法比传统的测试方法要更贴近于现实生活，原因就是在现实生活中，人们经常面临着各种选择、各种判断性的问题，而且在今后的工作中这些问题依然困扰着工作者们；第二，这几种方法简洁、方便，不用长篇大论，题目字数虽然不多，但是涵盖面广，测试的范围也大；第三，这样的方法有利于那些有真才实学但是表达能力较差的人才被录用；第四，笔试的测试题目客观因素较多，可有效防止阅卷者偏袒；第五，批阅方便，可减轻阅卷者负担等。

当然了，这种测试方法也有明显的缺点：第一，它过分追求简单而唯一的答案，只能测试出求职者的求同思想和聚合思维，却不利于求职者求异思维和发散思维的展现；第二，它无法很好地考察求职者的语言组织能力和表达能力；所以，用人单位举行笔试的时候其题目多有以下几个方面的特点：第一问题明确、简练；第二，题量较大；第三，问题涉及面广；第四，问题的难度适当，没有区分度；因此求职者在参加用人单位举行的笔试的时候，应该有针对性地对一些问题进行练习与复习。

2. 论文法

论文法，指的就是用人单位对求职者的分析能力、综合能力、比较能力、归纳能力以及推理能力等进行考察的方法。论文法的考察形式是论述题，这一题型也可以说是自由应答型试题。在我国，论文法的使用已经有了相当长的一段时间了，这一方法曾经在用人单位招聘时被广泛采用过。论文法与上述提到的测试法有着明显的不同，论文法更能够体现求职者的个人主观想法。论文法有着其自身显著特点，即开放性与主观性，所以，论文法更能够考察求职者的个人想法与个人观点。

论文法所检测出来的内容，通常是求职者对职业问题做出的具体回答，可以是对职位的评价，也可以是对某一种工作现象的看法与观点。求职者做出的事故分析、对公司或经理的评价以及读后感等实际上都属于论文性质的测验。

论文法的测验方法就是让应聘者对某一事实做出叙述或评价、对某一问题做出分析或比较、对某一事件发表看法或观点等，这些实际上都是论文法测试的体现。

论文法这一测试方法有着显著的优点，其可以深入考察求职者的思维能力，有利于用人单位对求职者的思维进行进一步的了解，通过论文的写作可以检查出求职者思想认识的缜密化和深刻化。论文法由于是个人看法与观点的表达，所以这种测验得出来的答案往往是多种多样的，几乎没有重复的，易于发现人才。因此，与测试法比起来，论文法更容易检查一个人的思维能力。但是论文法也存在一定的缺点，评分虽然有标准，但是毕竟主观性太强，评分老师也很难把握，因此在评分的时候可能难免会出现不公平现象。论文法测试的题目通常都具有理解性，所以求职者在做这一类题目时应该在充分理解题目的基础之上再进行作答，作答的时候要注意答案的全面化、深刻化。

3. 作文法

作文法在我国古代就已经被广泛采用，在我国古代作文法又被称作为八股文法。在我国古代，作文法是由历代专制政府统一举行的国家考试。这种测试通常只有一道题目，而且题目比较偏，也比较怪，阅卷进行成绩评定的时候也全凭阅卷老师的主观认识，这种测试方法不仅测试的题目内容过于陈旧，同时测试方法也比较落后。作文法有着显著的缺点，第一，由于只有一道题目，所以有人会根据历年考试内容对考题进行押题，并最终形成了八股文章；第二，评分缺乏统一的标准；演变至今，作文法形成了两种形式：第一，给出限制条件，然后让考试进行限制性作文，被称作为供给条件的作文；第二，分项给分，综合评定。

供给条件的作文

指的就是让应聘者根据考试者提供的一定条件，在一定的范围内作文。比如先让应聘者阅读一封他们考前不易猜测到内容的信，然后让他们根据信里提出的问题写回信。这样，既可避免押题，又利于考出真实成绩，考试时又利于被试者思想迅速集中，循着一定的思路作文。

分项给分，综合评定

指的就是按作文的构成因素，区分项目，分别给分，然后给予综合性的评定。如，先区分为内容和形式两方面，内容方面再区分为立意和取材两项；形式方面再区分为段落结构、词句、文字、书写、标点符号等项。这样分项给分，然后综合起来，予以总的评定。这虽然不是很科学的方法，却比凭总的印象笼统地评定要好。这里要注意的是，由于文字书写、用词造句的正误，具体而明显，往往易于形成印象，吸引注意力，因而也就易于左右分数。

因此，如果某用人单位采取了作文法对求职者进行笔试，那么求职者一定要在表示清楚自己的写作主题的同时也认真对待文中的字、词、句甚至标点符号，只有这样才能给阅卷老师留下良好的印象，卷面分数也会不自觉被拉高一些。

二、笔试的知识准备

（一）学以致用，化知识为能力

从目前用人单位举行的笔试情况来看，现在的笔试已经越来越倾向于现实生活，注重对现实问题的解决，具有较强的实用性。求职者在准备笔试的时候可以从两个方面着手：一方面就是求职者通过自身的记忆力对一些知识进行识记，达到掌握的程度；另一方面就是求职者将知识与现实问题相结合，然后达到掌握知识的目的。在现实生活中，用人单位举行的应聘考试还是主要考查求职者对知识的运用能力的。所以，求职者在准备用人单位举行的笔试的过程中，一定要注重对知识的运用，将理论运用到实践中去，将学过的专业知识运用到具体工作中，争取做到学以致用，将知识转化为能力。

（二）使知识成系统

知识是能力的基础，能力是知识的升华，没有扎实的基础知识，就不可能有较强的专业能力，因此对于高校大学生来说，基础知识的学习依然非常重要。高校大学生对知识的学习需要通过一定的方法，将原本零散的知识系统化，这样有助于学习者对知识的整体把握，形成整体的概念。用人单位举行的笔试不同于高校举行的期末或期末测试，其更具有零散性，范围也更大、内容更广，这往往使求职者一下子摸不着头脑，不知道该如何应对，对笔试的复习也存在盲目性和随意性。所以，求职者在为用人单位举办的笔试做准备时，应该树立新的思维，打破原先固有的学科界限，将各专业课的知识进行仔细、认真而全面的梳理，整理出一个具有系统化、整体化的知识体系，然后按照这一知识体系认真地复习。通常情况下，凡是与求职有关的一些知识如文史知识、科技知识、经济知识、法律知识和常用的计算机知识，都要进行认真的、全面的复习。求职者可以采用"单元复习法"对相关知识进行复习。这里所说的"单元复习法"并不是以教材单元为单位进行复习，而是求职者自己将教材中的一些相似知识点自信组建成一个单元，然后通过分析、比较、归纳，寻其共性，从而对知识有一个完整的、全面的认识与理解，对知识有了深刻的理解之后才能将知识与实际相结合，才能更加深刻而全面的分析问题、解决问题，也才能够在用人单位举办的笔试中脱颖而出，成为最出众的那一个。控制论观点认为：对物体进行控制的前提条件就是使被控制对象变得更加系统化。求职者需要明了的是，复习与掌握学过的理论知识的最终目的并不是应付用人单位举办的笔试，而是将自己的所学更好地运用到今后的工作中去，因此求职者在复习准备考试的时候，一定不能够照搬书上的知识，要形成自己的观点和看法；同时也不能单纯地靠记忆完成知识的识记，因为记忆保留的时间实际上是很短的，因此求职者一定要在理解的基础上实现对知识的记忆。求职者应该善于从书本知识中汲取营养，积极思考，培养自己举一反三的能力，使自己在学习中有所悟，有所得。

（三）提高阅读水平

阅读对于任何人来说，都是一项非常重要的技能，因此无论是求职者还是普通人都必须有意识地提高自己的阅读水平。阅读能力的提高，不管是对自己知识面的扩充，还是回答应聘考试中的问题都是非常重要的。想要使自己的阅读能力得到提高，阅读实践必不可少，需要多读多练多思考。求职者在复习知识的时候，同时也要注意加大自己的阅读量，坚持每天阅读可以有效提高自己的阅读能力。需要注意的是，阅读不能只停留在浅阅读这一层面，要深入到文章中去，对阅读材料进行仔细揣测、分析，做到"眼到""手到""心到"，三者缺一不可。只有在阅读中认真思考、分析比较、综合归纳，遇到不明白的问题应该多问几个为什么，只有这样才能彻底地掌握知识。求职者在提高自己的阅读能力的同时，也有助于自身语言组织能力和语言表达能力的提升。求职者可以利用闲暇时间对优秀语段进行阅读和记忆，这对于求职者阅读能力和记忆能力的提高也有诸多的好处。阅读不单单是语文功底的体现，同时也是一个十分复杂的认识和思维过程。在提高自身阅读能力的过程中，求职者应该从语句到篇章，逐层深入，在各个层次和环节上进行反复思考，只有这样才能提高自身的阅读能力和表达能力。

（四）加强语言转换能力的训练

求职者参加用人单位举办的笔试，其中一个非常重要的内容就是将求职者自己掌握的知识用自己的话表达出来，这一类的题有一个题目叫作"语言的转化"，也就是说将考题想要表达意思用自己的话表达出来，这样的转化形式一般包括三种：第一，将题中原本比较抽象、概括的话用自己的话做出具体的解释；第二，将考题中原本较为具体的考题用自己的话将其概括；第三，将考题中原本模糊的语言用自己的语言加以阐释，使其准确化、具体化。显而易见，要想将考题的意思用自己的话表达出来并且表达清楚，实际上并不是一件简单的事情，它需要求职者进行深度的思维加工，这也正是用人单位组织求职者面试的真正意图。

（五）培养快速阅读、思维和答题能力

由于用人单位组织的笔试的题量通常都会比较大，所以为了能够适应这一考试形式，求职者必须提高自己的阅读速度，强化自己的快速思维，提升快速作答的能力。现代阅读观念与传统的比起来还是发生了一些变化的，现代阅读观念不仅仅强调阅读者对阅读材料中重要信息的获取，同时阅读的时间也是有限的，因此提高阅读者的阅读速度至关的重要。求职者在平时的做题训练中，一定要注意提高速度，把握好考试的时间，如果因为时间不够而剩余大量的题，那么就别指望笔试得高分了。

除了上述答题技巧需要求职者一一掌握之外，现代求职者要想提高自身的竞争力，还需要提高自己的语文基础知识水平。

语文在现代教育中占据的位置越来越重要，语文基础知识的掌握也是求职者顺利通过用人单位举办的笔试的一个重要条件。语文基础知识实际上就是从现实

生活中抽象出来的理性认识，一个人语文成绩的好坏不仅体现了一个人的语文素养的高低，同时还标志着求职者文化素质的高低，因此语文水平也是用人单位了解求职者的一个重要突破点。

语文基础知识的来源通常是我们学习的语文课本，掌握语文基础知识的方法一般有以下几点：

第一，讲解法。求职者在参加用人单位举办的笔试之前可以到辅导班进行学习，听辅导班的老师讲解语文知识中大量的概念、术语、论断、命题等，通过老师的耐心讲解，使自己对语文的认识进一步加深，从而促使求职者在短时期内掌握更多的语文基础知识。

第二，讨论法。在辅导班中学习的时候，应该多与周围的同学交流，吸取同学们的集体智慧，从而解决一些较难的问题。

第三，比较法。比较法指的就是通过对比的方式让学习者对相关只是有一个更加深刻的认识，从而更加牢固地掌握语文知识。比较法可以体现出语文学科的特点，使语文学科与其他的学科区别开来，使学习者对语文学科有更加深刻的认识，帮助学习者找到语文知识中存在的本质和规律。

第四，练习法。练习法指的就是学习者通过做大量的习题来熟悉和巩固已经学过的知识，帮助学习者更好地理解和运用知识，并将知识内化成能力。

三、笔试的心理技巧

任何一位求职者在应聘的时候都会想着如何提升自己的竞争力，如何击败自己的竞争对手，那么在考场上向监考老师递交一份令人满意的试卷就是最好的武器。很多人无论是面试还是笔试，都会明显表现出自己内心的紧张，那么这个时候，良好的心理素质对笔试的发挥就显得至关重要，其也会对求职者的笔试成绩产生直接的影响。事实上，生活中有很多人都是读了很多书，可以说是满腹经纶，但是却很难在众人面前一展自己的才华；也有很多人，平时学习很努力，成绩也很优秀，但是就在大考的时候发挥不出来真正水平，总是考不好，甚至有的人面对大考还临场退缩或者在考场上出现意外事故。这样的事很常见，归根结底都是因为这一类人心理素质较差，面对大的场合不知道如何是好，心态不正那么就很难发挥出自己的真实水平。

考试本身是一件非常严肃的事情，而严肃的氛围对于考生水平的发挥是不利的，所以这时愉快的情绪就显得非常重要。愉快的情绪可以使求职者发挥出自身正常水平，激发求职者的潜能。但是并不是每一位求职者都能在考场上拥有愉快的情绪的，愉快情绪的产生是以强大的心理素质为前提条件的。所以，求职者要有意识地强化自身的心理素质，使自己即使在严肃的环境下也能够保持愉快的心情和积极乐观的态度。

曾经有美国的心理学家对人们的心理做了长达 30 年的追踪研究，经过这 30 年的努力，有的人取得了较大的成就，而有的人却碌碌无为，导致他们之间产生如此大差距的不是智力因素，而是心态，是一个人的心理素质。从现实生活中我们也可以看到，对一个人的成功产生重大影响的不仅仅是一个人的常识和他所具有的知识能力，还有一个人的心理素质，心理素质强大的人往往会取得更大的成就。

（一）树立自信心

自信心对任何一个人来说都是非常重要的，自信能够促进一个人慢慢走向成功。求职者在笔试的过程中，自信心是不可多得的财富，对求职者取得笔试的成功有着举足轻重的作用，因为自信心对一个人心理素质的各方面都具有决定作用。当求职者拥有自信的时候，任何力量都无法将其打垮，任何失败都无所畏惧，而这种力量又恰巧是每一位求职者所需要的力量，因为这股力量的存在，使得求职者成功的概率变得更大。

自信心不是盲目拥有的，而是有着一定的实力作为基础和支撑的。就求职者参与的笔试来说，求职者的自信心通常来源于求职者自己做好的充分准备。求职者对笔试有了充分的准备，对各种知识都了如指掌，那么其自然就在考场上信心满满，从而在考场上从容应对。

求职者在参加用人单位举办的笔试之前，需要在知识储备方面做充足的准备，实际上这个时候，求职者需要做的准备不仅仅只有知识，还应该有心理方面的准备，众所周知，较强的心理素质是求职者取得良好笔试成绩的关键因素。通常情况下，求职者在参加笔试的时候会出现两种心理类型：第一，心理正常型，心理正常型这一类求职者的心理特点就是在笔试的时候，求职者的心理始终处于一种积极有效的状态，其具体表现为求职者的注意力始终集中在笔试的题目上，在笔试的过程中思维较为活跃，能够充分调动自己的分析能力与综合能力，而且在理解题意方面有独特的方法。心理正常型的求职者通常有饱满的情绪，尽管有的时候比较紧张，但是并不影响笔试的效果，即使是遇到了难题也会采取一定的办法进行解决；在进入求职笔试考场之后，一般情况下这一类求职者的心情都会比较镇静，在笔试过程中也会正常或者超常发挥，这种正常发挥的求职者在生活中还是比较常见的。第二，心理异常型。心理异常型类求职者最为典型的心理特点就是在考场上过度紧张，由于太过紧张而导致智力活动效果下降；通常会产生这种心理状况的原因是求职者对自己缺乏足够的自信心，由于自信心的缺乏导致了求职者的大脑在接收信息、加工信息和处理信息等方面的功能大大下降。心理学研究表明：紧张甚至绝望的心理可以大大降低人的体力和智力能力，严重的时候甚至会使求职者进入发呆状态，但是这种类型的求职者在生活中还是比较少见的。每一位求职者都应该对自己的心理素质有所了解，如果发现自己属于第二种心理类型，那么接下来的时间就需要着重锻炼自己的心理素质，积极做到预防工作，具体的方法可以参考以下几点：第一，求职者需要正确认识求职笔试，将其看作是对自己能力的考验，即使笔试成绩不理想也没关系；第二，求职者在准备笔试的时候应该合理安排自己的记忆时间和复习顺序；第三，时刻保持轻松愉快的心情，遇到难题不急不躁，坦然面对；第四，求职者在考前复习的时候一定要保证充足的睡眠，午休是一个很好的习惯。

（二）克服怯场心理

求职者在参加用人单位举办的求职笔试的时候，由于考场气氛较为严肃和凝重，因此在这种氛围下求职者通常都会产生紧张不安和胆怯的心理，从而导致本来比较简单的题目却无法正常作答。这种心理现象通常就是我们所说的怯场现象。轻微怯场者表现为在笔试时由于紧张而心跳加速、头冒冷汗，即使是较为熟悉的知识一时也无法回想起来。重度怯场者表现为笔试时手足无措，即使是非常容易的题目也无法回答上来，思路出现严重障碍，尤其是思维深度和思维敏捷度严重下降，答题时也缺乏逻辑性与条理性，甚至还会出现晕场现象。

怯场心理不是凭空产生的，而是有一定的生理基础。研究发现，考生参加考试的时候，各种心理因素会引起考生情绪过度紧张，但考试的大脑皮层达到一定的兴奋程度时，皮层的一个区域就成为占据绝对优势的兴奋中心，按照高级神经活动的负诱导规律，使保持知识的记忆中枢处于抑制状态，所以考试原本非常熟悉的知识一时也都无法回想起来，大脑处于一片空白的状态。由此可见，考试要想有效改善自己的怯场清理就必须消除因为考试分为而引起的紧张情绪。考试在参加笔试的时候，应该遵循先易后难的原则，先做较为简单的题目，然后再攻克难题，这样可以有效增加考试的喜悦感和自信心，从而预防怯场心理的出现。即使考生有轻微的怯场心理也没关系，在考试的时候可以从以下几个方面使怯场心理得到缓解：第一，不要把怯场心理看得太严重，告诉自己这是每一个考生都会有的正常的心理现象；第二，如果在考试中遇到了难题也不要着急，把其看作是正常现象，任何一场考试都有难题，要保持清醒的大脑，不要被难题吓倒；第三，不要试想考试结果会怎样，以正常心态面对考试结果，给自己一定的心理暗示：这只是一次普通的考试而已，即使考得不理想也没关系，我也可以参加其他单位的笔试，这次考试并不是我唯一的选择；

现如今正规的用人单位一般都会举办一到两次，甚至第三次笔试，如果考完了第一场笔试，那么接下来的第二场、第三场就不要再回想第一场的考试效果，而是充分应对接下来的考试。求职者在参加完笔试之后通常都会出现以下三种心理类型：第一，镇静型。镇静型的求职者不管第一场笔试考得如何都不会再回想，其情绪始终是稳定的，而且能从上一场考试中及时地总结出考试经验，使下一场考试更加顺利。这种类型的心理状态对于考生发挥智力水平、取得优异成绩至关重要；第二种，盲目自大型。盲目自大型的考生通常在考完第一场之后就自我感觉良好，觉得自己考得不错而沾沾自喜，这种心理状态极易导致考试在接下来的考试中掉以轻心，也会导致在接下来的考试中审题不细心，注意力不集中，从而不利于考生取得优异的成绩；第三种，灰心型。灰心型的求职者刚考完第一场的时候，觉得自己考得不理想，于是垂头丧气，无精打采，从而导致对接下来的考试丧失信心，严重者甚至草草应付，放弃自己原有的追求。灰心型的求职者应该在第一场之后积极总结发挥不理想的经验，找出影响考试效果的原因，从而在接下来的考试中尽量避免出现同样的问题，而且要善于安慰自己：这次题本身就比较难，可能不仅我自己考得不好，别人说不定也考不好，录取的希望还是有的，然后在接下来的考试中积极面对试题。

四、笔试的考试技巧

求职者笔试成绩的高低，除了和求职者知识水平和考前复习有关之外，还和求职者的考试技巧有关，因此求职者要想取得良好的笔试成绩，还需要掌握一定的考试题技巧。用人单位的笔试特点是求职者在考前必须了解的，掌握考试题型也是考试技巧中的一项重要内容，求职者需要对考试题目特点、答题方法有所了解，这有助于求职者在考场中发挥出自己的真实水平。

求职者在参加笔试的时候，要保持考试心理的适度紧张与适度放松，这也是考试技巧的一部分。适度紧张对于每一位考生来说都是正常现象，一般人面对考试紧张的气氛都难免对产生紧张的情绪，如果是绝对放松没有丝毫的紧张感反而考不出理想的成绩；适度紧张但不能过度紧张，过度紧张会导致情绪失控，自然就无法发挥出真实水平。

求职者有了良好的考试心理状态之后，还需要掌握以下几个方面的考试技巧。

先易后难，先简后繁

笔试题型多，内容多，还得在规定的时间内完成考试，因此必须合理安排答题时间。拿到考卷之后，求职者首先要看清楚考试的注意事项、答题要求，然后再从头到尾地大致看一遍试题，了解题目类型，了解题目的难易程度，根据按照先易后难，先简后繁的原则确定答题步骤。

精心审题，字迹清楚

在具体答题时，必须认真审题，看清楚题目的具体要求，逐字逐句分析题意，按要求进行回答。书写时，力求做到字迹清楚，卷面整洁，格式、标点正确，不要写错别字。答卷全都做好之后，不要急于交卷，在时间允许的情况下，逐题进行检查，发现错误及时修改，尽可能地确保答题准确无误，符合答题要求。

积极思考，回忆联想

有些试题的设计，是想要从理论和实践两个方面对答题者的基础知识和技能进行检查，但大多题目还是以综合运用为主，检验答题者的实际水平和学法是否灵活。因此，有的试题是具有一定难度的。考试时要积极思考，努力回忆学过的知识，并进行联想，将已学过的有关内容相互联系起来比较分析，积极思考，找出正确答案。

掌握题型，答题精密

要了解各科考题的特点，熟悉每种题型的答题方法，防止出现不必要的差错。

通常用人单位组织求职者笔试的时候，常用的题型有填空题、问答题、选择题、判断题、应用题、作文题等。

填空题是试卷中比较常见的一种题型。填空题通常用来检查求职者对专业基础知识的掌握情况。需要注意的是，求职者在答题的时候需要看清楚题目的具体要求，是要求填写词语还是填写句子，在数量上是填写一个还是填写几个。

问答题通常是以一个问题的形式出现然后让求职者按要求作答，问答题常以简答题的形式出现，既然是简答就应该是要点全面，但又不需要展开论述，因此求职者一定要注意按要求作答。答题的时候还是要围绕着中心观点作答，抓住重点，简明扼要。准备作答之前应该理清思路，找准要点，最后按要点作答，字迹清晰，卷面整洁。

选择题是客观题的重要组成部分，要求求职者从给出的几个答案选项中选出题目要求的答案。求职者在做选择题的时候有以下方法可以使用：第一，经验法，凭自己对知识的理解与识记进行选择；第二，假设法，假设某一选项是正确的，然后将这一选项代入题目中，验证假设是否正确；第三，排除法，求职者首先需要排除明显错误的答案，然后再使用其他的方法验证未排除的答案哪个是正确的，最终选出正确答案；第四，计算法，这种方法在计算题中比较常用。

判断题要求求职者对所给的题目做出正确或者错误的回答。通常情况下，判断题只会出现一个误点，但也有两个的情况，而且常出现在基本知识中易混淆、易误解的常识性知识部分，因此求职者对于这一部分知识需要做一个细致的把握与理解。

应用题要求求职者运用学过的知识对实际问题进行妥善解决。求职者需要根据题目的要求，寻找出正确的解决办法，然后用语言将其呈现在卷面上，从而使问题得到解决。

作文题通常需要求职者在规定的时间内完成作答。求职者在写作文之前首先要做的就是认真审题，理解作文题目的意思，提炼出关键词和中心思想，如果时间充足的话求职者可以在草稿纸上写出作文提纲，提纲可以非常简单，只是在写作时给予求职者思路提醒而已，所以一定不要在提纲上浪费过多的时间，只要提纲可以反映出文章的大致思路就可以。求职者在写作的时候需要把握好时间，写作一定要做到字体工整，卷面整洁，作为紧扣文章中心，不要出现错别字、病句和错误的标点符号等，否则的话就会严重影响阅卷老师对求职者的印象，从而不利于得高分。

第三节 面试指导

面试是任何一个单位在选拔人才时都需要经历的过程，也是人员选拔中最传统、最重要、最常用的一种方法。用人单位在面试求职者的时候一定是经过精心准备的，一般都是在公司的会议室进行，场所较为正式，以面对面的交谈和观察为主要手段，然后对面试者的综合素质做综合评估，并确定其是否适合面试者报考的职位。面试环节非常重要，通常会在笔试之后进行，这一环节也是决定求职者是否能够入职的关键一步。

一、面试的考核内容

例如，某公司要为空缺职位招聘人员，经过了一番简历和笔试查看与筛选之后，公司的人事最终通知了小李和小高到公司进行面试，而面试官就是空缺岗位的部门经理，如果单从笔试成绩来看的话，小李要比小高的成绩好一些。具体面试的时候，部门经理就一些专业性的问题进行了询问，除此之外还询问了一些个人问题，比如上学时期什么事情让自己印象最深刻、目前为止最感激的一个人是谁等。除此之外，还假设了一些生活中的问题让小李和小高提出具体的解决办法。很快地，部门经理就发现了两人之间的差异，小高善于与人打交道，而且对别人的意见和建议都能做出良好的反应，而小李却将别人的建议看作是批评的话语，最终面试官选择录用小高。在最终的招聘反馈中，面试官认为这个空缺职位要求工作人员不仅有较强的专业素质，同时还需要与客户打好关系，充分听取客户给出的意见和建议，在这一方面小高比小李要好很多，由此可以看出，小高更适合这一岗位。在后续的工作中，公司的领导也发现小高确实表现得很出色。

由上述例子可以看出，面试是一个对面试者进行综合评估的过程。通常情况下，面试的考核内容主要可以分为四个方面：知识水平、个人行为能力、人际交往能力和职业心理。

（一）知识水平

知识水平是对一个求职者最基本的要求，知识水平涉及多个方面，它包括求职者的知识面和思维方式，更具体一点来说就包括求职者的管理技能、解决问题的能力、决策技能等方面的能力，这些素质都是无形的，根本无法具体衡量。刚刚走出大学校门的高校毕业生在工作这一方面几乎是空白，由此面试官就无从得知毕业生在工作中的习惯、经验等，所以面试官只能询问一些专业知识、实习实践经验等，并通过一些问题的设置与回答对求职者进行综合分析能力的考查，由此甄选出更适合某一工作岗位的求职者。

1. 专业知识

对求职者专业知识的考察不仅可以通过笔试来进行，而且还可以通过面试来了解求职者的专业知识掌握的深度和广度，而且面试官可以通过面试了解求职者是否适合其应聘的岗位，所以，面试实际上也是笔试的一种补充，可以帮助用人单位更好地、更全面地了解求职者的情况。笔试的范围终究是有限的，题量也是有限的，很多情况下都无法对求职者做出准确的判断，那么面试刚好就弥补了笔试的不足之处。而且，一般情况下，面试能够更好地体现求职者的专业知识素养与专业知识的应用能力。例如，有的时候面试官会将工作中切实遇到的问题展现给面试者，然后让面试者提出解决策略，以此来判断面试者是否适合某一工作岗位。

2. 实习实践、社会活动经验

通常情况下，面试官会就个人简历上的个人经历进行提问，包括面试者在工作中的感受等，试图通过提问了解求职者的知识运用情况，同时也能够考察出面试者在工作中的认真程度、活跃程度、灵活程度以及责任感、主动性等。因此，在上学期间，高校大学生可以充分利用暑假和寒假的时间去兼职或者做一些短暂的工作，以积累自己的工作经验，这会使求职者在众多面试者中脱颖而出。不仅如此，高校大学生由于长期生活中学校中，很少有机会接触到外面的社会，寒假、暑假实习也是大学生了解社会的一个重要途径，使自己的眼界得到开阔，在实践中巩固自己学过的知识，从而提高自身的知识运用能力，这将会使求职者受益终身。

（二）个人行为能力

求职者的个人行为能力通常表现为求职者的外在仪表、仪态，那么反应在工作中就是求职者的自我控制能力和情绪稳定性，以及应变能力和口头表达能力。求职者的个人行为能力也是决定求职者是否能够胜任应聘岗位的关键因素。

仪表、仪态

主要指的是来自于应试者的外貌、体态、衣着、举止以及精神状态等外在的体现。不同的职业对于仪表、仪态的要求是不同的，对于某些职位，例如国家公务员、教师、公共关系人员、企业管理人员等，在仪表风度方面的要求较高。心理学家的研究表明，一个人外在的举止风度往往反映了一个人内在的品质。一个仪表端庄、衣着整洁、举止文明的人，一般做事有规律、注意自我约束，责任心较强。

情绪稳定性与自我控制能力

现代工作压力普遍较大，要求工作者具备一定的韧性和耐力。有些特定的岗位，如客服支持岗位、工作负荷较大的技术研发岗位等，情绪平稳、耐心、毅力是工作得以胜任的必备条件。对于从事各种工作的人来说，是否具有情绪稳定性和自我控制能力都是一个非常重要的因素。在面试中，通过给应试者施加一定的压力或精神刺激，可以考查其情境稳定性和自我控制能力。

反应与应变能力

主要是考查应试者对突发问题反应的灵敏程度，对意外事件的处理是否得当，反应的迅速性和准确性，以及对于意外事情的处理是否得体、妥当等。这要求应试者不能停留于分析层面，而是面对变化时能否做出积极的反应并采取有效的措施，从而处理实际生活中出现的问题。面试中，通常会要求面试者说说以往面对困难时的表现。

语言能力

面试是一种口头语言的交流过程，在面试当中可以最直接反映出的就是应试者的语言表达能力。语言表达能力主要考查的是应试者是否能够将自己的思想、观点、建议和意见等内容清晰而明确地用语言表达出来。考查的具体内容包括语言表达的流畅性、逻辑性、准确性和感染力等。

（三）人际交往能力

当今社会上，绝大多数企业都十分注重团队的合作能力，所以在具体的招聘过程中，对求职者的团队协作意识进行考察是十分必要的。人际交往能力指的就是求职者在和本单位人员以及外单位人员沟通交流的能力。在面试的过程中，面试官会对面试者过往的人际交往进行询问考察，比如询问面试者曾经参加过哪些人际交往活动、平时喜欢与什么样的人交往、在社交场合中通常会扮演什么样的角色等，从而对面试者的人际交往能力进行初步把握。有的时候，面试官也会给面试者设置一些交际情境，尤其会设置一些交际过程中出现的问题，然后要求面试者给出合适的答案，从而考察应试者处理人际问题的能力与技巧。

（四）职业心理

求职者的职业心理指的就是人们在工作过程中表现出来的认识、情感、意志等相对来说较为稳定的心理倾向或者个性特征。研究证明，不同心理特征的人适合不同的工作岗位，不同的工作岗位也会对人们做出不同的要求。通常情况下，职业心理包括工作者的工作态度、上进心、进取心和求职动机。

进取心与成就动机

一个人有较强的进取心和较高成就动机，才能在事业上有所发展。进取心表现在努力将现有的工作做好，并且不安于现状，在工作中能够有所创新。在面试中，通常要询问关于未来职业规划的问题，从中可以看出应聘者的进取心与成就动机。

求职动机

主要是指求职动机与拟聘职位的匹配性，了解应试者为什么希望来本单位工作，对哪类工作感兴趣，在工作中追求什么等，从而判断本单位所提供的职位或工作条件等能否满足其工作要求和期望。

业余兴趣与爱好

了解应试者在业余时间喜欢从事哪些运动，喜欢阅读哪些书籍，以及喜欢什么样的电视节目，有什么样的嗜好等。通过了解应试者的业余兴趣与爱好，可以在一定意义上推论其性格方面的特征。

态度

包括过去学习或工作态度和对所应聘职位的态度。如果应试者在过去学习或工作中态度不认真，做什么、做好做坏都无所谓，或对所应聘的职位认识不足，那么在新工作岗位中有可能也不会爱岗敬业、认真踏实。

待遇期望

了解应试者对工资、福利等方面有哪些要求，与本单位的相关规定比较是相符，还是过高或过低。应试者应真诚地表达自己的内心想法，争取获得用人单位的认同和支持，不宜回避，更不能撒谎。

面试是用人单位普遍采用的了解求职者的一个方法，理论上来说，面试几乎可以使用人单位深刻地了解到求职者的综合素质，因此过好面试这一关对于求职者来说非常重要。

二、面试的种类

不同类型的组织者对面试有不同的划分。从不同的角度，可以对面试进行不同类型的划分。

1. 单独面试与集体面试

单独面试指的就是面试官单独与求职者交谈，面试完一个求职者之后再面试另一个求职者，所以这种面试方法又被称为序列化面试。单独面试有着显著的优点：第一，它能够为求职者提供一个单独与面试官面对面的机会，从而减少了一些压力；第二，单独面试也可以使面试双方进行比较深入地交流。单独面试通常有两种类型：第一，很多面试者但是只有一个面试官，然后面试官逐一进行面试，这种类型的面试方式通常被使用在较小的单位或者应聘职位较为低级；第二，多个面试官面试一个求职者，这种类型的面试方式一般在国家公务员考试面试中较为常见，而且有一些较大的企业也会采取这种面试方法。

集体面试指的就是同时有很多面试者，但是只有一名面试官，这种面试方式被称作为同时化面试。有的时候会采取小组面试，面试官要求小组内讨论解决一个问题，有的时候也会让小组内成员轮流担任小领导进行会议的主持或者发表演讲。集体面试的作用主要是考察应聘者的人际交往能力、沟通能力、表现力、语言表达能力、洞察力以及领导能力等。集体面试也有一定的优点，其可以从应聘同一个职位的应试者中挑选出最适合某一岗位的那一个人，而且挑选的时候相对来说较为公平；不足之处就在于一个应试者的表现可能会对其他的应试者产生或好或坏的影响。

2. 情境性面试与经验性面试

情境性面试指的就是在面试过程中面试官通常会设置一些情境性的问题。通过情境设定提出问题，然后考察求职者分析问题、解决问题的能力。例如：如果有应聘者应聘经理的职位，面试官很有可能就会问："如果你的下属员工连续三天上班迟到，你将会怎样做？"

经验性面试指的就是面试官针对求职者递交的简历向求职者询问一些与求职者有关的工作经历等问题。现在使用较为普遍的行为性面试实际上就是经验性面试的一种发展。情境性面试和经验性面试有着根本的区别，情境性面试要求应试者描述的是他在现在或将来的情境中可能做出的表现，而行为性面试注重的是应试者在过去做了些什么，具体怎样做的，做的结果怎么样，以及判定应试者对工作能否胜任。

3. 鉴别性面试、评价性面试与预测性面试

鉴别性面试指的就是用人单位根据求职者的面试结果，将求职者按照一定的标准进行优劣等级划分的一种面试。

评价性面试则是指面试官对求职者的素质做出客观评价的一种面试方式。

预测性面试指的就是用人单位对求职者未来的发展潜力以及未来发展成就等各方面做出的预测的一种面试方式。

4. 口头面试与模拟操作面试

口头面试指的就是面试官通过口头语言对求职者的综合素质进行考察的一种面试方式。口头语言面试通常可以分为以下六种：交谈模式、问答模式、辩论模式、答辩模式、演讲模式以及讨论模式。交谈模式就是面试官采取谈话的方式对求职者进行面试；问答模式就是由面试官提出问题，然后求职者逐一回答；辩论模式就是面试官与求职者之间或者求职者与求职者之间就某一个论点进行辩论；答辩模式就是应试者就考官的诘问进行解释；演讲模式就是由面试官提出一个话题，然后要求求职者进行现场演讲；讨论模式就是求职者就某一问题进行讨论的一种面试方式。

模拟操作面试指的就是求职者扮演一定的角色对某一实际问题进行解决，从而展现出求职者的工作技能的一种面试模式。模拟操作面试首先要明确某一职位中的关键任务，然后让求职者解决完成这一任务，在完成任务的过程中，由面试官对求职者的表现进行及时记录，最后根据求职者的具体表现对求职者做出客观评价。

5. 传统面试与视频面试

传统面试指的就是用人单位将求职者召集到某一个地方进行面试，面试的地方可以是公司，也可以是其他地方，但是一般情况下都是在公司。

视频面试是随着互联网的兴起而逐渐兴起的一种面试方式。视频面试需要借助电脑和互联网，通过视频、声音、文本等多种介质的网络传输而进行实时的面试。视频面试的设备具有电脑、摄像头、耳机和麦克风以及互联网，有了这些设备就可以实时对求职者进行线上面试。视频面试可以突破时间和空间的限制，而且较为简单方便，目前也受到了企业的广泛青睐。

三、面试的程序

面试的程序通常包括四个阶段，准备阶段、引入阶段、正式阶段和结束阶段。

准备阶段

在本阶段，应试者主要做好面试的充分准备。如了解用人单位的基本情况、了解所聘职位的任职条件、制定面试回答提纲、准备不同情况应对策略等。

引入阶段

在本阶段，应试者要尽力适应面试环境，礼貌地面对主考官，努力创造一种轻松和谐的面试气氛，解除自身的紧张和顾虑。常用的方法是寒暄、问候、微笑、放松的姿势。尽量简要介绍自己的情况，争取使主试者在很短的时间内对自己有一个好的印象。

正式阶段

这是面试的实质性阶段。在本阶段，主考官从不同侧面了解应试者的心理特点、工作动机、能力、素质等。应试者要正确有效地倾听、冷静客观地回答、礼貌得体地提问、恰当合理地展现自己的自信。

结束阶段

在本阶段，由于面试的主要问题已经进行完毕，主考官为了更深入、彻底地了解应试者，可能会提一些更尖锐、更敏感的问题。但要注意尊重应试者的人格和隐私权。此后会给应试者留下自由提问的时间，谈话可能会非常随意、轻松，如同聊天。在整个面试过程中，主考官所收到的信息量是非常大的，且大部分信息可能不会引起主考官的注意，难以给他留下深刻印象。所以，作为应试者应该努力在最后阶段抓住时机，重申自己的任职资格，使主考官相信你是一位优秀的人选，重申自己的求职意愿以突出自己的求职动机；同时，配合主考官自然地结束面试，并礼貌地向考官告辞、向现场工作人员表示感谢。

案例 1：期望值过高

毕业于 2019 年的小罗，毕业之后的一年里一直都没有落实自己的工作。刚好当时小罗家的附近有一家制药厂在招聘，并且小罗的专业也和这一企业招聘的岗位对口，但是她认为这家企业是在县城里，而她一心想要留在市区里，并且认为只要是在市区里，即使做到工作不尽如人意也没有关系。

分析：小罗的这种思想实际上在现在毕业生群体中是很常见的，有很多毕业生宁愿在大城市做着与自己专业不对口的工作也不愿意留着县城里做自己喜欢的、并且与自己专业对口的工作。当代毕业生普遍想留着经济发达的城市，尤其是沿海地区的一些城市，即使是回到了自己家乡所在的地方也一定要留在省会城市。毕业生过分关注与大城市的经济繁华与环境优越，却没有关注到越是发达的城市人才就越是过剩，竞争压力就越大。当代毕业生的择业期望值一直居高不下，甚至呈现出逐年上升的趋势，这导致了高校毕业生主观意愿与现实情况差距过大，以此像小罗这种情况实际上是很常见的。

案例 2：自主择业能力差

小李是即将毕业的高校大学生，每年三月份高校都会举办大型的春季招聘会，由于马上小李就要找工作了，所以小李的父母在就在会场上打听参加招聘会的企业情况了。招聘会开始了很久之后，小李才到达会场，并且带着家长一起参加招聘企业的面谈。在面谈的过程中，小李父母的言论甚至多于小李的，面试了一家又一家企业，最终还是一无所获。

分析：小李的问题就在于择业的过程中过分依赖家人，实际上在择业的时候需要自己做出了冷静的思考，人越多建议越多，那决定就越难做。小李的情况实际上在现实生活中也是较为常见的，现代社会独生子女越来越多，他们从小就生活在温室里，面对挫折的能力较差，父母的过分呵护更是加剧了他们对父母的依赖程度。当代大学生越来越依赖父母，缺乏必要的主见，那么在择业的时候自然就会比较困难，不知道自己该做出怎样的决定。

案例 3：信心不足，缺乏主动

小刘是一所重点高校的应届毕业生，在校期间他学习成绩优异、综合能力也较强，刚刚毕业的时候对自己未来的工作充满了信心。但是由于在校期间所学的专业较为冷门，毕业之后到公司应聘的时候频繁碰壁，这严重挫伤了小刘的自信心，使他逐渐产生自卑感，在后来的择业过程中表现得也越来越差，最终陷入恶性循环而不能自拔，以至于到新的用人单位参加面试的时候，只能问人家："我是学某某专业的，你们需要我这个专业的人员吗？"然后其他话他都不敢再讲，导致其最终也没有落实自己的工作。

分析：小刘的失败刚开始可能确实是因为专业不对口，但是后来的失败可能就是因为他的自卑心理。择业过程中遭受拒绝实际上是一件很正常的事情，很少有人应聘时一帆风顺的，在择业遭受挫折后就一蹶不振，从此对自己失去自信心，导致后来择业的时候缺乏主动争取的精神，不敢主动、大胆地与用人单位交谈，就无法很好地表达自己，无法推荐自己就很容易被用人单位拒绝，并且由此形成一个恶性循环。这种心理在现实生活中也是存在的，其对高校毕业生找工作来说是巨大的阻碍因素，使得那些原本在某些方面比较出色的毕业生陷入"不战自败"的困惑。

案例 4：自负导致失败

小陈是 2019 年的应届毕业生，他在校期间是口才协会的，因此口才一直都很不错，以此在与用人单位人事进行面谈的时候高谈阔论，给面试官留下来过分夸大自己与过度自信的印象；但面试官问他的个人爱好是什么的时候，他竟然脱口而出："游山玩水"，最终未被用人单位录用。

分析：小陈在面试中的表现出来的是典型的自负型心理，自负在心理学上指的就是对自己的个人能力过分高估，从而无法清晰地认识自己。小陈的情况在现实情况中也是较为常见的，有很多高校毕业生刚刚踏入社会，难免有些自以为是，自负自傲。这种自负心理会给用人单位留下非常不好的印象，让用人单位决定毕业生过分地浮躁、不踏实。

第六章 大学生就业求职策略指导

高校大学生的求职权与上岗权是由法律保护的，但是在实际求职过程中，大学生由于各种原因总是在无形中被剥夺求职的权利，这极大地损害了求职者的利益，同时也使高校大学生的求职积极性得到了挫伤与打击，对其未来职业的发展造成了很大的不利影响。所以，高校大学生在求职的过程中应该学会使用法律的手段坚决维护自身的合法权益，捍卫自己的利益。高校大学生一般都是在毕业之后才会真正地踏上求职的道路，毕业生在求职的过程中对自己权益的保护主要由两个阶段组成：一个是毕业生在求职过程中（首次就业）的权益保护；另一个就是毕业生在上岗后（劳动关系）的权利保护。权益保护阶段的不同就意味着保护侧重内容的不同，求职中的权益保护侧重的是学生就业协议的签订或者试用期期间劳动纠纷的处理；上岗后的权利保护则侧重于劳动合同的履行。

第一节 大学生的就业权益

高校大学生是当前我国一个非常重要的群体，每年的毕业生人数都在增加，他们也是每年求职的重要组成群体。高校毕业生在求职过程中实际上享有多方面的权益，其主要包括以下六个方面的权益。

一、获取信息权

对于高校大学生就业来说，就业信息是最为重要的内容，如果没有就业信息，高校大学生就无从谈起择业与就业，因此可以说，就业信息是高校大学生成功地进行择业与就业的前提条件。高校大学生只有获得了充分的就业信息，才能够在就业信息的基础之上根据自身的条件与能力选择适合自己的工作岗位。高校大学生获取就业信息权主要包含以下三个方面的内容。

（一）就业信息公开

所谓的就业信息公开指的就是任何用人单位不得向高校毕业生隐瞒、截留就业信息，高校毕业生有知晓就业信息的权利。

（二）就业信息及时

就业信息及时指的就是高校毕业生有及时知晓就业信息的权利，而且就业信息需有效。那些过时的、无效的就业信息不得传递给高校毕业生。

（三）就业信息全面

高校毕业生有权通过正当渠道获得他们所需要的准确而全面的就业信息，这样做可以帮助毕业生提前对用人单位有所了解，并选择适合自身条件与能力的工作，促进高校毕业生快速就业，实现高质量就业。

二、接受就业指导权

高校毕业生可以享受学校的就业指导，对此学校也应该成立专门的大学生创业与就业指导部门，聘请专业的就业指导人士对高校毕业生进行及时毕业就业指导，这一指导是多方面的，主要包括国家正在施行的就业政策、方针、就业与择业技巧等。同时还需要引导高校毕业生进行理性择业，充分结合自身能力与特点选择适合自己的工作岗位。

三、被推荐权

高校毕业生有被推荐到相关岗位就业的权利。学校专门管理大学生就业的部门有责任向用人单位推荐本校的毕业生，这对于高校毕业生的就业起到关键作用。高校毕业生所享受的被推荐权主要由以下几个方面的内容。

（一）如实推荐

如实推荐指的就是高校就业管理部门在向用人单位推荐高校毕业生时应该根据学生的具体情况，做到实事求是。不得无中生有，随意贬低毕业生，同时也不能对高校毕业生的优势和长处进行隐瞒，应该将毕业生的表现如实的呈现给用人单位。

（二）公正推荐

高校在推荐毕业生的时候应该本着公平、公正的原则，不可以偏袒一些学生，贬低一些学生，这严重侵犯了高校毕业生公正推荐的权利。高校应该为每一位毕业生都提供同等的就业机会，让其公平竞争。

（三）择优推荐

高校在推荐高校毕业生的时候可以适当择优推荐。所谓的择优推荐指的就是高校在向用人单位推荐高校毕业生的时候可以在公平、公正的基础上，对于在校表现非常优异的毕业生进行优先推荐，而用人单位在对人才进行选拔的时候也应该择优录用，从而做到"人尽其才"。这样做不仅可以让用人单位录用到更优秀的人才，同时也有利于激发学生的自我积极性。

四、选择权

我国早就做出了相关规定，高校毕业生需要在国家就业方针与政策的指引下进行自主择业。用人单位在有选择性地录用人才的同时，高校毕业生也有自主选择工作岗位的权利，学生在进行自主择业的时候，学校与用人单位不得干涉。任何人、任何单位不得强迫高校毕业生到本单位进行就业，都应该尊重毕业生的就业意愿，不得侵犯高校毕业生的自主选择权。高校毕业生可以根据自身的条件与专业能力和用人单位签订用人合同，以保护自身的合法权益。

五、公平待遇权

用人单位在对高校毕业生进行录用的时候应该本着公平、公正与一视同仁的原则，不得以各种理由歧视高校毕业生。但是就目前用人单位对人才的录用情况来看，还是存在缺乏公平、公正的现象，完全公平与开放的就业环境还有待形成。比如一些女生在毕业之后找工作较为困难，用人单位会因为女生的各种限制条件而拒绝录用女性毕业生。

六、违约及求偿权

三方协议是刚刚毕业的高校大学生择业权利的保障，三方主要指的是学校、用人单位和高校毕业生本人，其三者一旦签订协议就具有了法律效应，任何一方不得随意毁约。在签订了三方协议之后，如果用人单位无故毁约，那么高校毕业生就有权利要求对方按照协议进行赔偿，要求用人单位承担违约责任。

第二节 就业法律保障

为了使高校毕业生在毕业之后能够顺利地择业、就业，我国政府近几年来陆续出台了很多政策、法规，以保障我国高校毕业生择业与就业的权利。这些就业法规与政策主要包括以下几种类型，如图 6-2-1 所示。

第一，教育部及有关部委关于毕业生就业的规范．如《普通高等学校毕业生就业暂行规定》。

第二，各地方就业主管部门根据本地方实际情况出台的有关毕业生就业的规范性文件，用于规范指导本地方的毕业生就业。

第三，高等学校结合学校实际，根据国家的就业方针、政策和规定以及主管部门工作意见制定的本校毕业生就业工作实施办法、细则。

一、就业协议的法律性质

（一）就业协议的概念及特征

所谓的就业协议指的就是高校、用人单位和高校毕业生三者的权利与义务的书面呈现。就业协议可以使高校大学生的就业权利得到有效保护，对于刚踏入社会的高校大学生来说，就业协议无疑是有着重要作用的。就业协议是以毕业生所在的高校为推荐人，由毕业生与用人单位签订的就业意向协议，这一协议明确规定了高校、用人单位和高校毕业生三者所享受的权利与应该履行的义务。就业协议具有法律效应，具有强制性特点，用人单位如果要录用某一高校毕业生就必须与该生签订就业协议。就业协议有着鲜明的法律特征，其主要有以下几个方面的内容。

1. 主体

就业协议使用的主体是学校、用人单位与高校毕业生，在这三者中，高校也是协议签订方之一。就业协议对用人单位的性质并不做要求，它适用于所有合法、正规的企业、公司等。

2. 内容

就业协议的内容除了规定高校、用人单位和高校毕业生三方的权利与义务之外，还包括毕业生的个人基本情况，这一基本情况必须是真实的，不可以蓄意隐瞒，也不可以无中生有。用人单位在录用毕业生的时候也会参考就业协议上毕业生的在校表现，因此就业协议上的内容必须是真实、有效的。高校毕业生在与用人单位签订就业协议之后应该将其中的一份留在学校，学校做毕业生就业情况统计用。需要指出的是，就业协议中规定的权利与义务只适用于毕业生就业过程，而对于毕业生在具体工作中所享有的权利与义务没有做出规定。

3. 合同类型

就业协议是高校毕业生和用人单位之间签订的一份意向协议，其同样适用于我国的《合同法》。就业协议已经签订就具有了法律效应，任何一方不得随意毁约，否则需要承担相应的法律责任，其对毕业生和用人单位都起到约束的作用。

另外，高校大学生需要知道，一般情况下，就业协议都是由我国教育部或各省、市、自治区就业主管部门统一制定的。

（二）就业协议的主要内容

首先，高校毕业生在择业的时候应该按照国家的相关法律、法规，实事求是的向用人单位介绍自己的情况，包括个人的基本情况、专业技能等方面，向用人单位及时地阐明自己的工作意向，不得隐瞒。与此同时，如果毕业生和用人单位签订了就业合同，那么毕业生需要按照规定到用人单位进行报道，如果不能及时报道需要向用人单位说明情况并征得用人单位的同意。

其次，用人单位在面试毕业生的时候应该如实介绍自己单位情况，不得蓄意隐瞒事实，与此同时，用人单位还需要及时了解毕业生的工作意图，以免造成刚入职就离职的情况。同时用人单位还要做好对毕业生的接收工作。

最后，学校也有责任让用人单位了解学生的实际情况，不得一味地追求学校的就业率而隐瞒学生在校的真实表现，从而误导用人单位。如果用人单位同意了录用某一毕业生，那么经过学校审核之后就可以报向就业管理部门进行批准，派遣手续则是由高校统一办理。各方在签订就业合同之后不得违约，否则需要承担相应的违约责任。

（三）就业协议的订立

1. 签订就业协议的原则

所谓的就业协议订立原则指的就是高校、用人单位和毕业生在签订就业协议时必须遵守的基本准则。

首先是主体合法原则。签订就业协议的当事人必须具备合法的主体资格。具体来说就是，高校毕业生在签订就业协议的时候必须取得相应的毕业资格，如果高校大学生在正式派遣时没能取得毕业资格，那么用人单位就可以不接收该大学生，并且用人单位不需要承担法律规定的违约责任；如果是用人单位的话，就业单位就必须具备从事各项经营、管理活动的能力，用人单位需要有相应的录用计划和自主录用权，否则高校毕业生就可以自主解除就业合同，并且毕业生不需要承担法律规定的违约责任；如果是高校的话，高校需要如实地向用人单位介绍毕业生情况，同时高校也应该如实地向学生阐明用人单位的情况，高校是用人单位与高校毕业生交流的重要桥梁，在高校毕业生就业过程中发挥着重要的作用。

其次是平等协商原则。高校、用人单位和毕业生在签订就业合同的时候，三者的法律地位是完全平等的，任何一方都没有权利强迫另一方做对方不愿意做的决定。高校也不应该利用不正当手段强迫学生到指定单位进行就业（这里不包括有特殊情况的毕业生）。与此同时，用人单位在和毕业生签订就业协议的时候不应该过分地要求毕业生交高额的风险金和保证金。三方在法律地位上是平等的，在享受权利与履行义务方面也是平等的。如果三方在签订就业协议时需要注明补充事项的话，三方就可以在协议的"备注"中进行补充，需要注意的是"备注"需要在订立就业协议之前补充，否则无效。

2. 签订就业协议步骤

就业协议在签订的过程中一般要经历两个步骤，即要约和承诺。

要约

毕业生持学校统一印制的就业推荐表或复印件参加各地供需洽谈会（人才市场）进行双向选择，或向各用人单位寄发书面材料，这一书面材料应被视为要约邀请；用人单位收到毕业生材料并对毕业生进行考察之后，表示同意接收并将回执寄到高校毕业生的就业工作部门或毕业生本人手中，应为要约。

承诺

毕业生收到用人单位回执或通过其他方式得到用人单位答复后，从中做出选择并到学校毕业生就业工作部门领取就业协议书，与用人单位签订协议，即为承诺。

高校毕业生择业与就业实际上是一个非常复杂的过程，很多时候都难以明确区分要约和承诺两个步骤。比如某一高校毕业生参加了公务员考试，笔试通过之后进入面试，然后到具体单位参加面试、体检等，用人单位再对该毕业生进行政审，一直到最后表示同意该毕业生进入单位参加工作，这个时候高校毕业生就不能再接受其他单位，在这一过程中就实现了要约和承诺两个步骤，但是这两个步骤没有清晰的分界线。

3. 签订就业协议的程序

高校毕业生与用人单位签订就业协议的程序一般需要四个方面的内容。第一，高校毕业生经过层层选拔最终与用人单位达成协议之后就需要分别在就业协议书上签名盖章，这个时候用人单位需要在就业协议书上标明毕业生报到的具体单位名称和地址；第二，就业协议签订之后需要用人单位的上级主管部门进行批准盖章；第三，用人单位在与高校毕业生签订就业协议之后需要在十个工作日之内将签订好的就业协议送到学校主管学生就业的部门；第四，学校拿到就业协议之后盖章，然后再将就业协议书反馈给用人单位。

（四）无效协议

无效协议指的就是缺乏有效要件或者在违反就业协议订立原则的基础上签订的就业协议，这种情况下签订的就业协议就是无效的，不产生任何法律效应。需要注意的是，无效协议从签订的那一天起即为无效。

首先，就业协议如果只是用人单位与毕业生签订的，而未经学校同意，那么这样的就业协议就是无效的。比如毕业生在签订就业协议的时候未发现对自己有不公平之处，但是学校在审查的过程中发现了这一问题，那么学校可以不予认同，这样的就业协议就是无效的。

其次，采取欺骗等其他的违法手段所签订的就业协议不具有法律效应。比如用人单位在与高校毕业生签订协议时没有实事求是地向毕业生介绍单位情况，或者在单位没有录用计划的前提下和毕业生签订就业协议，那么这种协议就是无效的。无效协议所产生的法律责任需要由责任方自行承担。

（五）就业协议的解除

就业协议的解除主要有两种形式，即单方解除和三方解除。

1. 单方解除

单方解除主要有两种形式：第一，单方擅自解除；第二，单方依法或依协议解除。其中，如果是单方擅自解除协议，那么这种行为就是违约行为，这个时候协议所产生的违约责任应该由解约方承担。单方依法或依协议解除指的就是三方中的一方在解除就业协议的时候有一定的法律依据或者协议依据。比如某高校大学生在未取得毕业资格的情况下与用人单位签订协议，那么用人单位有权单方解除就业协议；高校毕业生在与就业单位签订就业协议之后又考取了研究生，那么毕业生有权单方解除就业协议；上述情况下的单方解除协议，解除方不需要承担相应的法律责任。

2. 三方解除

三方解除协议指的就是高校毕业生、用人单位和学校三方经过协商并一致同意接触协议，从而使协议不发生法律效力。这种三方解除协议由于是三者在共同商议下一致决定的，因此三方中不需要任何一方承担法律责任。如果三方要解除协议，就需要在将协议上报给用人单位主管部门之前进行解除，如果三方解除协议发生在就业派遣计划下达之后，那么协议的解除就还需要经过主管部门批准办理调整改派。

（六）就业协议的违约责任及影响

就业协议经过毕业生、用人单位和学校三方签署之后就具有了一定的法律效力，具有了法律效力的就业协议书就会对毕业生和用人单位产生约束力，这两方中的任何一方都不能擅自解除就业协议，否则擅自解除方需要承担全部的违约责任。但是从生活实际中看，擅自解除就业协议的多为高校毕业生。如果是毕业生违约，那么其就要承担相应的违约责任，向用人单位支付违约金。不仅如此，毕业生违约还会产生其他的不良影响，这一不良影响主要表现在用人单位、学校和其他毕业生几个方面。

就用人单位而言

用人单位往往为录用毕业生做了大量的工作，有的甚至对毕业生将要从事的具体工作也做出了具体的安排。同时毕业生就业工作时间相对比较集中，一旦毕业生因某种原因违约，势必使用人单位的录用工作付之东流，用人单位若另起炉灶，选择其他毕业生，在时间上也不允许，从而给用人单位工作造成被动。

就学校而言

用人单位往往将毕业生违约行为归结为学校的责任，从而影响到学校和用人单位之间的长期合作关系。用人单位由于毕业生存在违约现象，而对学校的推荐工作表示怀疑。从历年情况看，一旦毕业生违约，该用人单位在几年之内不愿到学校来挑选毕业生。面对激烈的就业竞争，用人单位需求就是毕业生择业成功的前提，如此下去，必定影响今后学校的毕业生就业工作。同时影响学校就业计划方案的制定和上报，也会影响学校的正常派遣工作。

就其他毕业生而言

用人单位到校挑选毕业生，一旦与某毕业生签订就业协议，就不可能再录用其他毕业生。若日后该毕业生违约，有些当初希望到该用人单位工作的其他毕业生由于录用时间等原因，也无法补缺，造成就业信息的浪费，影响其他毕业生就业。

综上所述，高校毕业生在择业与就业时一定要慎重，尽量不要产生违约的行为。

二、劳动合同的法律性质

（一）劳动合同的概念

与就业协议不同，劳动合同一般是由毕业生和与用人单位双方签订的，这一合同的作用在于确立劳动关系，明确签署双方的权利与义务。

（二）劳动合同的必备条款

我国相关法律规定，劳动合同必须以书面的形式进行订立，并且合同中还需要有以下七个方面的条款。

1. 劳动合同的期限

劳动合同的期限指的就是劳动合同从签署之日到合同终结之日的这一段时间。从目前我国的劳动合同期限来看，主要有三种形式：第一，固定期限；第二，无固定期限；第三，以完成一定的工作为期限。其中，固定期限的劳动合同在白领工作中比较常见。需要注意的是，固定期限的劳动合同必须要求用人单位明确合同的签署日期和终结日期。应聘者在签订劳动合同时有一定的自主权，即使已经在某一个单位工作了十年之久，其工作人员同样可以要求和用人单位签订无固定期限的劳动合同。需要注意的是，无固定期限的劳动合同需要用人单位对劳动合同的开始期限及终止条件进行明确。

2. 工作内容

工作内容指的就是工作者所从事的工作和占据的工作岗位。在签订劳动合同时应该要求用人单位注明工作职位和具体岗位，以做到定岗定位。

3. 劳动保护和劳动条件

现实生活中，有很多高校毕业生在签署劳动合同时都不太注意劳动保护和劳动条件这一部分，而事实上这一部分却是劳动合同中非常重要的部分，同时也是内容最广泛的，其几乎涵盖了半部《劳动法》。所以，劳动者尤其是高校刚刚毕业的大学生应该尤其注意这一部分，在签订劳动合同时仔细阅读。

4. 劳动报酬

劳动合同上应该标明劳动报酬的具体数额，如果不是具体数额也可以是具体的劳动报酬计算方法及支付日期，同时用人单位还需要向劳动者说明这一劳动报酬是税前还是税后。

5. 劳动纪律

对于劳动纪律这一方面，劳动法中还没有做出过多的规定。劳动合同中的规定通常都是一般性规定。劳动纪律这一方面的内容通常都反映在企业内部的规章制度中，劳动者在工作之前也应该提前对这一内容有所了解，因为劳动者在日后的辞职或者解聘中会涉及这一方面的内容。

6. 劳动合同终止的条件

劳动合同终止的条件不是随意提出的，而是要以我国相关的法律、法规为依据进行订立，对于那些不符合劳动法律规定的合同终止通常都是无效的。在现实情况中，有的用人单位会把法律规定的劳动合同解除条件约定为劳动合同终止条件，从而尽量不承担因为合同终止而带来的补偿责任，这种劳动合同终止条件的约定是不符合法律的，是违法行为，即使约定了也是无效的。

7. 违反劳动合同的责任

违反了劳动合同通常都需要违约方赔偿一定的违约金，劳动合同中对劳动者违约金的约定只有两种类型，一种是违反服务期的约定；另一种就是违反保守商业秘密的约定。除了上述两种类型之外吗，其他的约定都可以看作无效约定。

上述提到的七个条款是劳动合同产生法律效力的法定要件，七者缺一不可。但是需要劳动者注意的是，劳动合同无效并不代表劳动关系无效。即使劳动合同在形式上有一定的不足和缺陷，但是只要劳动者与工作单位有劳动关系，劳动者的合法权益同样是可以收到法律保护的。除了上述七项条款之外，劳动者还可以与用人单位商议约定其他的内容，只要双方达成一致。

三、就业协议与劳动合同的异同

高校毕业生由于初次找工作，可能对劳动合同不太熟悉，而且很多人也会把就业协议和劳动合同混淆。劳动合同是高校毕业生和用人单位签订的，其目的是用来确立劳动关系，明确用人单位和高校毕业生双方的权利与义务。就业协议和劳动合同相似的一点就是二者在本质上都是契约。虽然都是契约，但是二者是属于完全不同的两个契约。二者概念也不同，其分别适用于不同的法律，法律效力也有所不同。二者在各自的领域发挥着各自的作用。

（一）就业协议与劳动合同的联系

二者可以说都是用人单位在录用毕业生时签订的书面协议，二者有一定的练习，其具体表现在以下四个方面。

首先，就业协议一般都是高校毕业生在离开学校之前就签订的，这一协议签订过程学校也参与了进来，就业协议的签订是毕业生就业计划方案和毕业生派遣的重要依据；劳动合同时为了明确用人单位与高校毕业生二者在工作中的权利和义务而签订的。劳动合同不牵扯到学校，学校也不是劳动合同签订的参与者。劳动合同对于参加工作后的毕业生来说非常的重要，其是劳动者从事何种工作、占据什么岗位以及享受何种权利、履行哪些义务的重要依据。

其次，就业协议中所涉及的内容主要有毕业生的自身情况、工作意愿等，如果用人单位同意接受毕业生，学校也同意推荐毕业生到该用人单位工作，三方即可以达成协议，随后学校将毕业生列入就业计划进行派遣。劳动合同的内容更为丰富，其涉及劳动者的劳动报酬、劳动时间、工作内容等，其规定的内容会更加具体一些，对于权利与义务的规定也会更加的明确。因此，劳动合同对就业协议做出了进一步的补充。

再次，通常情况下，高校毕业生先签订就业协议，然后再签订劳动合同，二者通常有一个先后顺序。在签订劳动合同时，如果高校毕业生与用人单位经协商后达成了其他的一致意见，也可以将其写进就业协议，然后在订立劳动合同的时候再对这些协议上的内容有所反应，可以说，劳动合同是就业协议的再现和补充。

最后，就业协议通常指的是高校毕业生与用人单位对毕业生就业意向的初步确定。就业协议的签订表明毕业生和用人单位对彼此条件的大体认可，签订就业协议之后需要上报给用人单位的上级部门进行审核、批准并签字，经过三方盖章之后的协议即具有了法律效力。用人单位在与毕业生签订就业协议之后就可以着手拟定劳动合同，待毕业生正式报到的时候与毕业生及时签订。因此，对于高校毕业生来说，就业协议是劳动合同的先行者。

（二）就业协议与劳动合同的区别

就业协议与劳动合同有着多方面的区别，其主要表现在以下四个方面。

一是主体不同

就业协议适用于应届毕业生与用人单位，学校三方之间，学校是就业协议的签订方之一，就业协议对用人单位的性质没有规定，适用任何单位；而劳动合同只适用于劳动者（含应届毕业生）与用人单位（不含公务员单位和比照实行公务员制度的社会团体以及军队系统）之间，与学校无关。

二是内容不同

就业协议的内容主要是毕业生如实介绍自身情况，并表示愿意到用人单位就业，用人单位表示同意接收该毕业生，学校同意推荐该毕业生，列入就业方案并纳入就业情况统计，它不涉及毕业生在具体工作中所享有的权利义务。而劳动合同涉及劳动报酬、劳动保护、工作内容、劳动纪律等，劳动权利义务关系更为明确。

> ### 三是签订时间不同
>
> 一般而言，就业协议签订在先，劳动合同往往在毕业生到用人单位报到后才签订。因为二者签订时序不同，容易导致内容条款上的不一致，从而引发纠纷。

> ### 四是法律适用不同
>
> 就业协议适用于《合同法》，劳动合同适用于《劳动法》。

第三节 求职陷阱防范

从现实情况来看，我国当前的就业市场还不够完善，高校毕业生由于刚进入工作单位，做所以维权意识也比较淡薄，与此同时也会出现监管乏力的现象，这些都导致一些用人单位在用人方面存在就业歧视、弄虚作假、收取押金和侵犯隐私等现象。

一、常见的求职陷阱

（一）高薪陷阱

从现实情况中看，有很多用人单位在对外发布招聘信息时，通常都将高新作为诱饵，以此来吸引更多的大学生前去面试。但是当毕业生正式上岗之后才发现自己的报酬并不像用人单位说的那样，用人单位也会寻找各种理由回避这个问题。

[案例] 某高校毕业生王刚在毕业找动作时在网上看到了某公司发布的招聘信息，工作岗位为文案策划，只要求大专以上学历，月工资轻轻松松就可以超过8000元。看到这一招聘信息王刚就很快与该公司取得了联系，并顺利通过面试。于是王刚很努力地工作，但是在发工资的时候他却只有2000元的工资。他非常愤怒就找经理理论，可是经理这样解释道："我是说的8000是你有了一定的工作能力和工作年限，然后根据你的个人表现与能力进行评定。现在你刚毕业，没有经验也没有能力，公司怎么可能会给你开这么高的工资。"王刚气愤极了，就索性辞职离开了那家公司。

分析：王刚被所谓的"高新"所诱惑，在面试的时候未能向负责人了解清楚该公司的薪资待遇就开始投入工资，最后自己吃了亏。通过王刚的遭遇我们不得不有所启发：高校毕业生不应该被网络上承诺的虚假利益所欺骗，在看到招聘信息之后还需要到用人单位进行核实，了解清楚状况之后觉得合适了再投入工作，而不是刚去就开始盲目地工作。

（二）传销陷阱

传销是国家明令禁止的一项违法活动。从现实情况来看，当前传销组织蒙骗的首选对象就是刚刚步入社会的高校毕业生。高校毕业生一旦踏入传销组织就很难使自己得到解救，其会被限制人身自由，被迫从事传销活动，还会要求毕业生交纳高额的入门费用。不仅如此，传销组织还会通过扣押毕业生身份证等有效证件的方式阻止受骗者离开。与此同时，受骗者还会被迫和自己的亲戚朋友取得联系，以从中谋取利益。

（三）协议陷阱

就业协议对高校毕业生和用人单位都具有一定的约束力。按照有关规定，就业协议并不能代替劳动合同或聘用合同。高校毕业生在签订就业协议时通常会遇到以下几种陷阱：第一，用人单位只是愿意录用毕业生但是并不与毕业生签订就业协议书；第二，用人单位与毕业生签订就业协议之后就不再签订劳动合同；第三，用人单位不愿意将对毕业生做出的承诺写进劳动合同中；第四，用人单位不遵循毕业生的意愿，强行与毕业生签订"霸王合同"。第四类陷阱是指大学生在择业与就业时因为种种原因而不敢对可能会使自己权益受损的条款提出异议，其至在签订协议时用人单位会添加无理条款，而大学生由于害怕找不到工作而被迫同意。

（四）试用期陷阱

试用期实际上就是劳动关系的试验阶段，指的就是用人单位和劳动者为了对彼此有更多的了解而约定的考察期。在试用期内，用人单位会对劳动者的工作能力进行考察，而劳动者也会对用人单位的情况进行了解考察，其实质上是用人单位与毕业生双方互试的过程。但是现在有很多用人单位拿试用期哄骗毕业生，重要表现在以下几个方面。第一，用人单位规定的试用期时间太长，或者和劳动合同规定的期限不相符合；第二，用人单位要求毕业生在试用期内如果离开的话就要承担违约责任；第三，试用期内，用人单位无故辞退毕业生；第四，直接用见习期代替试用期；第五，与毕业生强行约定实行两个试用期；第六，在与劳动者续签劳动合同时依然为劳动者设定试用期；第七，试用期的工资比当地的最低工资标准还低；

［案例］某高校毕业生张梅在网上看到一则招聘信息，信息中的各项待遇都还不错，他就很想尝试一下，但是公司的试用期要求是一年。得知一年的试用期

他有些犹豫，主要是因为试用期的工资只有1500。最后，他决定放弃这个公司，再寻找其他的工作。

分析：李梅的做法实际上是非常理智的，他是一个善于选择的人。从公司的招聘信息来看，其规定一年的试用期实际上是不合理的，是不符合法律规定的，张明没选择这一家公司是明智的选择。所以，作为一名接受过高等教育的高校毕业生应该具备辨别陷阱的能力。

（五）剽窃陷阱

有一些公司要求应聘者在应聘时设计一些程序或者广告等，以此考察求职者的能力，有一些公司实际上就是借助这一点将求职者的作品占为己有。

[案例]张梅是某高校的毕业生，他的专业就是土建，在找工作时，有一家建筑公司对他印象不错，于是就给他发了面试通知，但是面试的时候要求他按照公司的要求设计出一份室内设计，以此作为应聘材料。本来面试官对他的作品还是比较满意的，但是最终却并未录用他。张梅很生气就离开了公司，走的时候却忘记了要回自己的设计图纸。后来，公司就把张梅的作用稍加修改进行使用了。

分析：张梅的专业素质确实是值得赞扬的，但是他却极其缺乏维护自身合法权益的意识，轻易地将自己的劳动成果无偿送给别人，给了别人剽窃他作品的机会。因此，学习设计专业的毕业生在找工作时一定要注意维护自己的合法权益。

（六）收费陷阱

收费陷阱实际上在生活中很常见，它指的就是用人单位借助面试的幌子向面试者收取押金、保证金、培训费等。有一些高校毕业生由于着急找工作就缺失了辨别能力，向用人单位交纳了一定的金额。

[案例]李阳是一名刚刚毕业的大学生，毕业之后他很顺利地通过一家公司的面试，他在参观公司的时候还觉得挺正规的。但是很快地，这个公司开始要求李阳交500元的培训费。李阳觉得既然是培训费也没什么不可以，就交了。在接受了公司的培训之后，公司又要求他交体检费，费用为200元，最后公司认为李阳的视力不合格，就不予录用。后来，他又在网上寻找招聘信息却发现这家公司依然在招聘同一个岗位，他就隐约觉得自己被欺骗了。

分析：李阳的遭遇在当前社会还是比较常见的，有很多不正规的公司会要求求职者交押金、保证金、培训费等。所以，高校毕业生在求职的时候一定要注意这一方面，不要轻易相信交纳体检费、培训费等，这些多半都是骗人的，他们并不是真正地为求职者培训、体检等，只是借此骗取求职者的钱财。

（七）劳务陷阱

高校大学生在求职的时候，看待招聘单位招的是合同制员工，但是在被正式录用之后却发现自己变成了"劳务工"或"派遣工"。

[案例] 晨阳是某高校的应届毕业生。有一天他在网上看到一则招聘信息就果断报了名。在经过笔试、面试、体检之后被成功地录用了，晨阳觉得这次招聘很正规，应该没什么问题。可是当他准备去签合同的时候却发现合同是劳务派遣类的第三方合同。晨阳觉得很失落，但是最后还是心有不甘就签订了派遣合同，最终留在了其他的公司，在工资待遇等方面都与原来的公司差很多。

分析：高校毕业生在找工作的时候一定要看清楚是劳动合同还是劳务合同，劳动合同一经签订，其就具有了法律效力，受到《劳动法》的调整和约束；而劳务合同只能算是一种民事协议，签订双方并不受《劳动法》的调整和约束。求职者如果事先发现自己签订的是劳务合同，应该谨慎行事，考虑清楚再签字。

二、求职陷阱的防范

高校大学生在对求职陷阱有了一定的了解之后，接下来的防范就简单了很多。这些求职陷阱实际上还是比较容易辨别的，只要求职者保持足够的警惕。对于求职陷阱的防范主要有以下两个层面。

（一）学校层面

1. 加强就业政策宣传教育

高校主管大学生就业的部门应该及时向大学生普及这些求职陷阱，帮助大学生认清楚当前严峻而复杂的就业形势，同时向大学生普及国家最新的就业政策和法规。

2. 多向学生介绍防范求职陷阱的知识

刚刚走出大学校门的高校毕业生难免显得稚嫩，社会经验明显不足，而且作诗通常缺乏谨慎的考虑，对求职陷阱的辨别对他们来说可能存在一定的困难。高校应该对大学生的求职陷阱防范意识进行加强，对高校大学生进行及时的陷阱防范教育。与此同时，高校需要向学生普及正规的招聘信息网站，拓宽高校大学生获取就业信息的渠道。并且教会学生能够根据自身的专业能力对公司工资进行可信度辨别，到公司应聘的时候要及时咨询自己不懂或者不确定的问题，不要被用人单位表面华丽的说辞所迷惑。

（二）学生层面

1. 端正就业心态

首先，高校大学生在校期间一定要用心地学习，努力掌握自己的专业知识，培养自身的专业技能，提升自身的工作综合能力，为以后踏入社会找动作打下坚实的基础；其次，高校大学生不要抱有侥幸的心理，要始终相信"一分耕耘，一分收获"，不要相信不劳而获的谎言，不要轻易相信用人单位所谓的高工资、高待遇挣钱快等消息。高校大学生要始终坚信，好的事物都是自己奋斗得来的；最后，高校大学生对自己要有一个清晰而全面的认识，了解自己适合做什么工作，自己的工作能力是怎么样的，不要被别人的甜言蜜语所迷惑，不要轻信别人。

2. 不断提高法律意识

高校大学生无论是在校还是步入社会都要不断地学习相关法律，比如《劳动法》《合同法》等，因为这些法律与我们的工作、生活息息相关，高校大学生在步入工作之后应该学会维护自身的合法权益，提高辨别不法行为的能力；除此之外，高校大学生应该树立法律意识和自我保护意识，遇到不合法的侵权行为一定要善于使用法律保护自己，不给违法分子以可乘之机。

第四节 权益保护方法

高校毕业生从择业到就业这一过程是比较复杂的，在这一过程中，毕业生需要参加用人单位的双选会、与用人单位进行面谈、与用人单位签订协议、报到就业等，因此对于高校毕业生合法权益的保护是比较重要的。

尽管国家相关部门对高校毕业生的合法权益进行了保护，但是在实际生活中依然有侵犯毕业生合法权益现象出现。高校毕业生在择业与就业的过程中需要加强自我保护意识，其可以通过以下途径对自己的合法权益进行自我保护。

首先

毕业生应了解目前国家关于毕业生就业的有关方针、政策和规范以及它们之间的关系，熟悉毕业生在就业过程中的权利和义务，这是毕业生权益自我保护的前提。如果在就业过程中因为所谓的公司规定或部门规定与国家政策法规有抵触，侵犯了自己的权益。则可以依据法规办事，维护自己的合法权益。

其次

毕业生应自觉遵循有关就业规范，接受制约，保证自己的就业行为不违反就业规范，不侵犯其他毕业生的合法权益。毕业生如有下列情形之一，由学校报地方主管毕业生调配部门批准，不再负责其就业。在其向学校缴纳全部培养费和奖助学金后，由学校将其户籍和档案转至生源地，按社会待业人员处理：第一，不顾国家需要，坚持个人无理要求，经多方教育仍拒不改正；第二，自派遣之日起，无正当理由超过三个月不去就业单位报到的；第三，报到后拒不服从安排或无理要求被用人单位退回的；第四，其他违反毕业生就业规定的。

再次

在用人单位接收毕业生的过程当中，毕业生也应对自身权益进行自我保护。如按照国家规定毕业生在报到后应享受正常的福利待遇，如缴纳养老金、公积金等；对某些工作岗位的特殊体质要求，用人单位应在与毕业生双向选择时就明确，否则不得以单位体检不合格为由而将学生退回学校；另外，正常的人才流动也应根据国家和当地的有关人才流动规定，不应受到限制；报到后毕业生发生疾病不能坚持正常工作的，则按单位在职人员有关规定处理，不能退回学校。毕业生应对自己的权利有正确认识。

最后

毕业生应学会运用法律手段维护自身的合法权益。针对侵犯自身就业权益的行为，毕业生有权向用人单位上级主管部门和学校进行申诉并听取他们的处理意见，同时也可提交给当地的劳动争议仲裁机构进行调解和仲裁，也可以直接向人民法院提起诉讼。

第七章 创新思维与就业创业的融合表现

第一节 创新思维与就业

一、观念创新

过去大学生就业实行统包统分，是一种权力功能的体现。现在大学生就业市场化，要求的是服务功能的完善。虽然学校不再承担包分配的责任，但并不是撒手不管，而是承担着为大学生就业指导、管理和服务的义务。我们在就业工作中要本着为国家、社会、学校和大学生的"四为"精神，抓好每一个就业的环节，为大学生排忧解难。有些大学生受传统的就业观念的影响和束缚，留恋公职、干部身份，愿意到国家机关、事业单位就业，不愿意到企业、非公有制单位就业。有些大学生还存在着一次就业定终生的错误思想和观念，缺乏多次就业的思想准备。许多大学生的就业期望值偏高，择业的定位不准，包括不少大学生的家长，这种观念还很严重，还停留在过去国家把大学教育办成"精英教育"的时代，认为大学生毕业就应该找一个工作环境好、出力少、工资高、待遇优的单位。工作艰苦，工资水平低一些的单位有些大学生就不愿意去，农村生源的大学生大多数不愿回生源所在地就业。有些大学生攀比情绪较重，或是高估自己、好高骛远，有些情绪多变。我们要引导大学生树立走"立交桥式"的就业道路的思想。首先，要树立大学生先就业、后择业、再创业的思想。其次，鼓励大学生提高自己的学历，继续考研究生。再次，鼓励有经济条件的大学生出国深造。

二、服务创新

做好大学生就业指导工作，建设一支高素质、强能力、专业化、有奉献精神的就业工作队伍至关重要。国家各项大学生就业政策能否顺利地贯彻与落实，大学生就业各项工作能否顺利进行，很大程度上取决于从事这项工作的队伍的素质高低。建设一支高素质的就业工作队伍，对我们来说是一个崭新的任务，没有现成的经验可循。因此，要认真做好大学生就业工作队伍建设，必须紧跟就业工作的新形势，积极探索改进大学生就业指导工作改革的新思路、新方法，适时加强理论学习和政策、业务培训，不定期、有针对性地组织开展调查和研究，进一步强化市场意识、信息意识和服务意识，不断提高队伍的调研、分析、科学预见能力、公关策划能力和组织协调能力，真正为大学生就业工作提供保障。加强大学生就业工作的队伍建设，解决大学生就业难问题，各级主管部门、高校就业指导机构应强化服务意识，做到服务意识定位，服务不是停留在口头上的，必须烙印在大脑意识的深处，落在提高大学生就业指导工作水平的实际行动上。要改变以往一些部门在利益驱动下承办或组织人才交流会的局面，不能将大学生作为创收的对象。

三、基地创新

大学生就业市场作为一种"市场"形式，必然要遵循市场规律，受到市场机制的制约。要做好我院的大学生就业工作，这无疑是一个创新点。解决如何提高大学生的就业率问题无疑也应该从这一"切入点"入手。

做好大学生就业工作，提高大学生的就业率必须做到以大基地促大市场，以大市场促大就业。所谓的"大基地"就是将与高校有长期的、较稳定来往的用人单位作为大学生就业的基地。许多高校可以借鉴此宝贵的经验。以某高校为例，该校经过多年大学生就业工作的积累和努力，与诸多单位有过良好的合作关系，校友遍布这些就业单位。可以以校友为纽带，建立与这些单位的长期合作关系，在用人信息的收集方面能够优先获得，从而在大学生就业过程中争取主动，能够在广阔的大学生就业市场找到自己的"根据地"，以基地为"根据地"向全国就业市场进军。一旦就业大基地建立起来，通过用人单位与用人单位的联系，用人单位与社会的广泛的接触，就会形成高校在就业市场的"辐射点"。从而有助于就业工作的"良性循环"。

四、引导创新

强化前瞻意识。通过学习多种渠道和办法帮助广大学生掌握科技发展的大趋势和自身面临的机遇及挑战，了解学科前沿的动态，了解当今时代所需求的人才应具备的基本素质结构和参与社会激烈竞争必备的条件，引导学生自觉按照生产科技和社会发展的新需求确立自己的成才目标。如有一些在校生片面强调学生干部经历，花大量的时间和精力放在所谓的"学生仕途"上，忽视自身专业知识和技能的培养和提高。而有些学生片面重视社会经历，因此，在校期间大量在外兼职，导致学习成绩下降，学习兴趣的减退等，这都是不可取的。

增强学生自我完善意识。要引导学生主动审视自己的内在素质，科学分析个人生理、心理发展的特点，自己基础知识的储备情况，掌握自己的情绪、意志和能力等；有意识地培养自己发展的兴趣，树立自己的奋斗志向，掌握自己的长短利弊，增强自己对周围关系的认识，在此基础上扬长避短，完善知识和能力体系，培养良好的情操和健康人格。

强化学生的竞争意识。引导和鼓励在校生积极参加各类竞赛活动，在活动中培养以后面试过程中所需要的勇气，领略耕耘与收获的真谛，同时帮助同学们树立正确的就业竞争观念。围绕"自尊、自信、自强"的主题开展学生自我教育、自我锻炼和自我培养的活动，增强学生们直面挫折的意志，承受挫折的能力，从而为以后的求职道路、人生道路获得成功打下良好的基础。

新时期，大学生就业工作正朝着科学化、专门化、专业化和专家化的方向发展，是一项崭新的事业。而目前我们无法很好地适应这一形势，离目标还有一定的差距。我们不能再承袭传统做法，而应将创新思维与大学生就业紧密融合，大胆创新，勇于探索，从而增强大学生就业的时代性。

第二节 创新思维与创业

一、组织创新

首先，我们常见的传统管理方式，是建立在分工与目标基础上的组织形态，其核心在于管理。通俗来讲就是控制，抓住人性的弱点，或是根据人的紧迫需求，来控制企业中的人。以往的企业，决策多由高层完成，控制由中层完成，而执行的任务则落在基层身上，这种模式叫做中央控制模型。其组织结构由职能式组织结构、事业部式组织结构及矩阵式组织结构等组成，尽管职能细化，但过程烦琐，耗时较长。除了是因为需要花费较多时间传播信息之外，决策拖延、迟缓也是重要原因之一。一般先是基层向中层反馈，中层再传达给高层，以便高层决策。有了结果之后，再从高层传至中层，进而到基层具体实施。在此过程中，信息的本意极易被曲解，决策周期也不固定，一般比较长。反观互联网，它模糊了中心，信息是在网状结构中传播的，省去了决策中心，因事态的发展而随时做出调整。如阿里集团的战略官多次对公司内部强调，要协同而并非协调。协同是所有员工纵横向共同发展，用一股主动形成的凝聚力向共同的目标进发，而并非自上而下单向落实某项决策。

这种方式其实就是扁平化管理方式。就拿小米公司来说，扁平化的存在，首先是其非常看好有能力之人，认为他们能够良好地管理自我，并随时散发着强大的驱动力，如果对这些人才采取统一的管理，那就意味着怀疑这些人才。在小米公司，员工的向心力非常强，一心想要做出最好的产品，这在整个公司是一致的信仰，所以管理起来非常容易。小米公司的组织架构不设层级，大体只有三级、七个核心创始人，每个部门包括领导和员工，不超过三个人，创始人有自己的职责，其他人则拥有共同的身份——工程师。公司的文化就是全心全力做好本职工作，除此之外的任何事情，都不足以对其造成影响。这可体现在公司的办公布局上，从一层到四层，分别是产品、营销、硬件和电商，每层均安排一名创始人"稳定军心"，事无巨细地负责。所有人员都认真做好各自的工作，而目标却是一致的。这样的管理制度省去了层级间来回反馈、传递的烦琐环节。扁平化管理的核心作用就是减少层级，提升反应速度及效率，最终目的是提升用户的体验。

二、市场创新

当互联网成为人们生产生活必不可少的一部分，再加之新媒体快速的传播速度，人们开始打破时空限制，与企业建立直接联系，了解意向信息。随着该环节进一步演化，人们逐渐成为主导市场营销的核心力量。为此，企业想要继续良好发展，就不得不站在消费者的立场来思考和处理问题，兼顾了线上与线下营销活动的模式即O2O应运而生。其更能满足当前人们的不同需求，尤其是在线沟通功能，使得传统的管理模式变得人性化，更促进了就业创业模式的创新发展。

（一）新媒体背景下的市场环境

新媒体时代，人们可以通过多元化渠道获得自己想要的信息，即信息的交互性越来越明显。高速、便捷的互动逐渐弱化了不同领域之间的沟通壁垒，也使得实体经济中的市场营销体系越来越易于操作，进而奠定了构建市场核心框架的基础。新媒体与市场的融合诞生了新媒体市场环境，人们广泛查阅、收集信息，原本青睐的信息传播方式得到优化，且有了众多选择余地，因此人们的需求更加明显，有利于企业获取及时、准确、丰富的受众需求。

当然，对于传统信息传播方式而言，自进入新媒体时代后，已由被动的接收状态，一步步转变为主动接收状态，并开始主导着信息的传播。与此同时，原本只能单向接收信息的人们，可以发挥自身主观能动性搜集和获取想要的信息，更能成为企业营销传播的主体，让企业了解自身需求，便于企业据此调整营销计划和目标，并构建更为高效的市场运营机制。人们从被动地位向主动地位的转变，使其拥有了自主搜索和选择信息的权利。与此同时，市场传播关注和围绕大众需求而展开，而并非过度重视企业自身利益。人们也能够自主选择想要的、对自身有利的信息。所以，企业意识到强制传播的问题，进而才能反思和发现新的传播方式，将关注点从利益转移到消费者的需求，这样才能大力促进市场向前发展。

正是互联网技术和终端设备（电脑、手机等）相结合，才衍生出了新媒体，人们由此进入新媒体时代，传统信息得到大范围、超时空传播，便于受众随时随地获取。自主搜索功能更能根据受众的搜索习惯大致定位受众的需求，然后提供给企业，企业准确、及时地掌握受众的需求，同时能够将产品的信息传递给有需求的受众。新媒体时代市场营销最大的特点在于强调"知识营销策略"。相应地，市场营销人员也只有具备越来越强大的专业能力，尤其是技术的操作能力，才能更好地应对新媒体平台的运作过程。

（二）新媒体时代市场营销的发展趋势

毋庸置疑，依托于互联网技术，新媒体时代的市场营销才能顺利开展，且能够主动进行营销。不同于传统企业始终沿用的市场营销模式，新的营销模式更贴近受众需求，因为它充分尊重受众关于信息选择和获取的主观能动性，以现代信息技术为支撑，利用新媒介实施营销活动。所以，随着新媒体时代的进一步发展，企业必须与时俱进地推动传统营销模式走向现代化，在遵循市场经济发展规律的前提下，改变一直沿用的营销模式，产品营销根据客户的主观需求和体验来进行，而并非单纯地将产品"卖出去"。"线上"和"线下"双管齐下，线上负责掌握受众的需求，线上获取受众的需求，线下完成产品的最终交易，目前不少电商的营销模式均与此大同小异，使得市场营销与新媒体的结合更加深刻。

"线上"和"线下"双管齐下的营销模式，是新媒体时代和经济发展的重要成果。事实说明，企业制定新媒体市场营销策略，要有利于新媒体时代市场环境的发展，反之亦然。新媒体时代越是深入发展，依托于此的产品对受众的影响力就越大，导致受众在筛选产品信息时，更青睐那些媒体影响力强的产品，普遍认为这样的产品无论是从质量上还是受众自身的心理上来说，都更符合受众的需求。所以，能否合理切入市场环境，决定着新媒体营销方式的成败。为此，要使利用新媒体营销方法推销的产品高度符合市场环境，这样产品才能得到更多市场知名度。另外，传统的市场营销模式早已和当前人们的产品需求格格不入，为求发展，企业必须从以往单纯关注通过宣传产品来增强市场影响力的营销模式中走出来，利用新媒体、跟随时代变化及时调整优化，通过更有效的营销方式融入市场环境，提高产品的推广效果。

（三）新媒体时代市场营销的策略经验

新媒体时代，互联网平台日臻成熟，市场营销策略也因此实现持续更新。基于新媒体，强调用户体验和口碑评价的营销模式，逐渐取代传统实体市场模式。现在，企业的正确做法是结合自身产品的目标定位，找准在市场中的位置，面向该领域受众，实现服务水平的进一步提升和服务形式的拓展延伸。新媒体时代的市场营销策略应以此为重点，因为其是新媒体时代的市场营销模式之一。

整体来说，新媒体时代给传统市场营销模式持续带来一连串冲击，然而营销竞争极为激烈，这是企业走向成功的必由之路。需要注意，企业应找准重点，明确正确方向，然后以优质的服务赢得受众喜爱。用新媒体技术提供能量，化解零散的市场环境的挑战。

1. 制定精准的营销策略

严格来说，广告本身是不完善的，产品营销只是发挥了一定的作用。企业要想打败激烈市场竞争中的其他对手，开展市场营销的首要任务应放在明确目标受众方面。新媒体时代的营销，核心就是精准，把握这一点，市场营销如虎添翼，也更有可能成功。所以，企业应先为产品明确市场定位，即清楚自身产品应面向哪些受众销售，然后再推出产品。新媒体技术将受众的产品需求展现在企业面前，并支持企业与受众的在线互动，基于此，企业能够基于受众的需求形成准确的受众大数据，进而有针对性地进行营销。现在，企业已不是唯一的主动方，与受众之间是双向关系，有利于企业更准确地把握受众需求，受众的需求也能得到更准确地满足。根据此，企业制定精准的营销模式，相比于传统营销模式，这样可以节约成本投入，避免过度营销，并且调查受众的需求也变得相对便捷，服务因此更加个性、有针对性，企业在受众中的口碑将持续上升。

2. 建立良好的互动营销模式

新媒体时代的交互性尤为突出，不仅过程得到简化，速度得到提升，沟通效果也更加良好。基于手机、电脑等终端，受众可以实时和企业进行交流，主动选择能够满足自身需求的企业。这也是个传递价值信息的过程，有利于企业据此构建有效的互动营销模式。当然，企业仍要以服务于受众为营销的第一要旨，在新媒体背景下，就是要重视和受众的交互性，带给受众主导者的感受，这样更有利于获取受众的基本需求。另外，根据新媒体市场的未来走向，企业还要结合内部实际情况，形成有利于企业发展的新营销发展计划，建立并不断巩固和受众的沟通关系，逐渐形成老客户群体，持续为企业创造经济效益。

三、产品创新

（一）产品创新的内涵

1. 产品创新是系统化工程

产品创新不仅要依靠自身的创新，还要在模式、途径、传播以及管理上实现创新，这样才能体现出不同之处，更容易获得市场。当前市场上的商品种类繁多，普通创新要求都不高，但市场却充满了众多挑战。新产品的新鲜期往往非常短，很可能还未获得收益，就有模仿者以更优越的条件将其覆盖，原本应得到的市场份额也因此被抢夺。新产品进入市场后，与同类产品之间的竞争是非常激烈的，如果其市场份额、影响力较小，未能充分把握用户使用习惯，且途径也很闭塞，那么就会在后者面前败下阵来。即使采用价格战，也并非长久之计。所以，只有创新才能保住新产品应得的市场份额，也是企业发展得更为长远的重要手段。

2. 产品创新趋向自然

现代市场是一个需求高度分散的市场，因此许多消费者都呼吁回归自然。最初，产品在市场上往往处于供不应求的状态，人们的消费能力也很有限。供应端产品缺乏先进的生产技术，多沿用传统工艺，与人们的自然需求相差较小。随着生产效率与人们生活水平的不断提高，人们的消费能力也随之增强，反过来影响着生产者的产品意识，开始关注产品效率和成本。即如果市场上人们产生了一致的需求，那么生产产品就以效率为首要原则，满足消费者最显而易见的需求。其实，回归自然与本真，方可始终被消费者青睐。然而传统工业时期，这样的要求并未得到足够重视，成本和效率占了上风。但随着消费市场转型，效率与成本将逐渐让位于回归自然，因为前者是极易满足的。也就是说，产品的理念将向人性和关怀靠近。由此可知，回归自然始终是人们追求的产品需求，只是在从前被压制了，在今后，越是消费水平提高，这两方面的需求就越会凸显。

3. 产品创新需要跨界思维

对于电子商务这个知之甚少的新领域，中国人有些望而却步。随着时代发展，电子商务早已融入当代中国人的生产生活，这是个漫长而曲折的过程。从电子商务本身来看，变化并不大，最为显著的就是电商持续深入的产业融合。中国刚迎来电子商务时，物流体系还只是物流体系，所以经常可以看到在网上拍货，却在现实中面对面交易的奇怪现象。第三方支付平台的使用范围也非常小，银行系统网银业务不够完善，都阻碍了电商与其他产业的充分融合。随着产业融合的进一步发展，才有了现在电商、快递、第三方支付平台和谐共生的局面。依托不同的优势和特色，这些产业融合集不同功能于一身，打破了行业、领域和地域的限制，实现了融合。在食品行业，开发时就预先计划通过融合了商超、电商、实体体验店、O2O配送体系的多平台来销售产品。也就是说，现在的新产品无论是概念还是作用，都是多重的，由此也拥有了更多发展途径，与其他行业融合之后，应对风险的能力也更强了。

（二）大数据在各行各业的应用

1. 大数据应用于金融行业

常见的应用领域是高频交易（HFT）。具体表现在交易决定中大数据算法发挥着重要作用，如今大数据算法成为不少股权交易的主要手段，这些算法愈加凸显出社交媒体和网站新闻的综合参考价值，而后基于此明确接下来几秒内的买进或卖出行为。

2. 大数据促进信用卡产品营销

基于大数据，银行能够通过先进的云计算等技术，使消费者的刷卡行为的分类和统计变得数据化，然后对其进行整理，再根据此掌握消费者的相关消费信息，如习惯、能力、偏好等。如根据客户数据、财务数据，能够将不同的客户群体区分开，而根据消费的区域定位、内容定向，则能够了解他们的消费习惯，再据此进一步挖掘数据、有针对性地进行营销。

3. 大数据产业迎来良好的发展前景

在长期发展中，各领域的信息化系统已经积累了非常可观的数据量，特别是物联网和智慧城市的进一步发展，这一数据量仍在持续增长中，对这些数据进行合理整理和开发，并应用于我国经济发展，将是一股巨大的拉动力量。我国目前正处于经济结构转型升级阶段，公共服务和环境保护等众多领域都提出了更高的要求，大数据的应用，将极大地缓解这些领域面临的压力，可为我国信息通信业提供新的发展空间。

四、服务创新

企业创新才能在当下竞争激烈的市场中立足，在未来实现长远发展。纵观中国企业，创新除了体现在技术和管理方面之外，也强调服务创新。服务创新具有多层意义，对于社会而言，其是人类自我价值以及生产生活水平提高的源泉和重要手段，在生态环境优化方面更发挥着举足轻重的作用。因此，服务创新能够利用明显的物质、精神和心理等各个方面的优势，使人们具备解决问题的能力、健康的精神和心理，从而产生幸福感和成就感。方法论意义上的服务创新，即不同于以往的方法、手段，能够促进附加价值的产生。这些方法和手段主要应用于物质生产部门的管理、组织、设计和传统服务业等方面的软技术创新。服务创新就是一个寻找、开发的过程，包括服务方法、服务途径、服务对象、服务市场等，它能够为潜在客户带去新的体验，是对传统的再次创造和改进。

（一）消费者需求

"与客户有效的沟通"体现在行动上就是"了解消费者需求，满足消费者需求"，"满足"则体现在两个层次，即商品功能上的满足和心理满足。消费者所处的环境不同，因此在很多方面也都不同，如性格、年龄、爱好、职业、成长背景等，进而影响着他们产生了不同的产品需求。如此一来，有效的市场营销就需要利用合理手段来解决不同消费者的需求问题。

（二）个性化服务

1. 个性化需求

个性化需求已经随着互联网的普及逐渐融入消费者的衣食住行之中，尤其是在青年消费群体中，个性化需求更是随处可见：衣服饰品的与众不同，饮食的特色等，都是追求个性化的表现。如一些饭店会贴心地为顾客提供围裙、橡皮筋以及透明塑料袋（供装手机使用）等，以个性化服务满足消费者的个性化需求。不过，各行各业追求个性化改革，对于消费者来说，可能并不会完全理解。调查显示，消费者所了解的个性化服务都很有限，也没有真正接受个性化定制。女性消费者不希望青睐的衣服饰品出现撞衫现象，但当定制衣物服务出现之后，主动享受此服务的女性却屈指可数。女性消费者关注的更多的仍是质量和款式。因此，个性化需求的状况并不乐观，一方面，是缺乏理性，未进行专门的治理和规划；另一方面，消费者未从心理上接受其的存在，始终带有一定程度的疑虑。所以，对于以个性化服务为追求的创业者来说，他们的发展之路充满坎坷。但关于个性化的需求又始终存在，那么，这就直接导致消费者有需求却难以得到满足的问题。

2. 个性化服务与标准化服务

个性化服务与标准化服务之间是发展的关系，并不是彼此对立。个性化服务能够使客户黏性增加，有利于在激烈的竞争中脱颖而出，也能为企业创造更多价值。企业的生存发展都依赖于消费者需求及满足，但前提是有消费者群体。当然，消费者流动太大，也不利于企业发展，因此重点在于提高消费者满意度，而只有个性化服务才能提供更多的心理满足。另外，经过长期发展，电视营销、电话营销、网络营销等类型多样的商业模式纷纷出现，再加上不断更新的技术手段，企业进行销售、立足于市场、抢占更多市场份额就具备了更明显的优势。目前标准化服务的市场状况并不好，其主导地位逐渐让位于个性化、差异化服务。在各种商业模式并存的现状下，很难做到良好的标准化、规模化和集中化，所以竞争的重点就转移到了购物环境、商品直观以及营业者的表现上。由此可知，未来市场的发展离不开个性化服务。

3. 个性化更容易引起消费者注意

随着人们的消费水平得到大幅提高，基本需求得到满足，于是开始向往更高的生活追求，即产生了越来越强烈的个性化服务需求，且该消费群体的数量不断增多，对个性化服务的追求也越来越明显。然而，目前市场上个性化产品和服务并不多见，算是冷门行业，因此相关企业数量有限。消费者更加向往个性化产品，源于追求异于他人从而成为人群焦点的心理，从根本上来说，是"虚荣心"作祟的结果。

五、意识创新

创新创业教育旨在通过系统的理论知识和相应的实践培训，来使学生拥有一定的创业精神、创业意识、创业思维、创业技能等，为教育者转换为创业者奠定基础。联合国教科文组织认为，创业教育就是教育的"第三本护照"，其重要性可媲美于学术教育。我国"十三五"规划指出应"实施创新驱动发展战略"和"深入推进大众创业万众创新"，从而不断衍生出以创新驱动为引导、以研发为优势的产品和行业。可以说，大众创业、万众创新早已成为经济社会发展必不可少的推动力量。

随着市场经济的不断发展，"野生长"方式亦能生存、处处是顾客与商机（市场不饱和）的时代已经一去不复返，更多的企业往往是在"夹缝中求生存，变化中寻商机"。因此，绝大多数创业机会都需要通过系统的分析才能够得以科学有效的发现。调研、分析、记录想法、再调研分析，循环往复而又漫长的积累过程是必须经历的。举例来说，瑞士的一名创始人用笔记本将自己的想法一一记录下来，当想法累积到200个时，他就认真思考一直以来所有的想法，而后创业，才有了现在瑞士最大的音像书籍公司。

第八章 职业生涯规划引导下的大学生就业创业教育

第一节 大学生就业创业教育的具体开展

一、就业创业教育在经济转型期的开展

在职业生涯规划引导下，要突出自主创新的效力，高等教育必须从教育体制改革和创新等方面来培养学生，使学生们能及时通过最新的科学技术提高自我的创新能力，形成新思维和竞争方式。

（一）思想和行为的共同发展

在思想和行为上共同发展，才意味着就业创业教育的有效落实。在经济转型期，应形成合理的就业创业观念，而后采取相应的就业创业行为。高校实施培养计划时，教师开始将就业创业的理念融入学生的专业课程中，将各种就业创业的知识传授给大学生。在就业创业过程中，大学生的自我价值得到充分发挥，反过来又促进自我的全面发展等。让大学生在思想上正确认识就业创业，然后形成目标行业的就业创业理念，以此指导大学生做出就业创业行为。同时，开展就业创业教育时，要让大学生明白就业创业的重要性和必要性，这也是引导大学生形成正确择业观的必然要求。

（二）知识型就业创业能力的提高

对学生进行就业创业教育时，应以知识型就业创业为主要目标。并根据就业创业的基本特点，解释了何为知识型就业创业，并说明从事该方面的主体为知识劳动者，就是我们通常所讲的大学生。知识型就业创业更加强调创新的作用，从思想上打破常规，并不断学习、提高创新能力。这首先需要正确定位创新能力，其是在考虑市场目前的需求，结合企业的最终目标来实现的。但不可忽视的是，作为就业创业主体，大学生必须不断学习企业的新知识、提升个人能力，这是就

業創業教育的重中之重。

（三）学生自我目标的实现

就业创业教育首先关注学生自我目标的实现，对他们进行系统性、层次性以及差异性的教育。应将多元化、系统性的就业创业教育传授给学生，使他们的就业意识、创新思维得到不断提高，从而提高其就业积极性和创业能力。其中，对有创新创业意识的学生，在结合专业教育的情况下进行差异化教育，使其创新实践能力得到不断提升。发挥学生创业实战技能方面的优势，在个性化、差异化和系统化的教育态势下，使学生的自身价值得到最大的体现。

（四）整体目标和长期目标的体现

就业创业教育的基本要求和教育模式主要体现在：在专业教育的基础上，对所有的学生进行人才化培养的过程。这其中不需要对学生进行与社会特定价值观方面的说教。而是通过一定的教育理念，对每个学生的价值进行个性化的判断，体现出就业创业教育的整体目标和长期目标。

二、就业创业教育在知识经济时代的开展

当前，中国经济正处于转型期，实施就业创业教育，可在社会上增加就业岗位，同时也能缓解学生们毕业后的就业压力。从根本上来说，大学生就业创业不仅是为自己谋生路，也是在为其他需要就业的人员提供岗位，使得劳动力资源在社会上合理分配和利用，改善我国严峻的就业形势，将社会引上和谐之道，实现健康发展。就业创业教育普遍开展，能够使大学生形成新的就业思想，提高其创业精神，进而为社会培养出诸多兼具较高创业能力和素质的人才，为中国高等教育提供有益的、必要的补充。同时，还能使社会经济得到有效发展，社会就业矛盾得到缓解，最终使社会经济转型能够顺利实施，并逐渐趋于稳定。由此可以看出，就业创业教育是社会发展的必然要求。

（一）推动知识经济的发展和社会经济的转型

知识经济就是利用创新能力（驱动资源）逐步替代传统生产要素（原始资源，如土地、人力、资本、原材料等）的过程。相较于传统以自然资源为生产动力的工业革命，知识经济体现出的是更长久、更深层次的社会转型，而所关注的重点就在于找到正确方法充分挖掘人的创新潜能。毋庸置疑，当知识长期开发和积累，以此为支撑的技术将实现持续革新，经济得到进一步发展。但一切的根源在于将知识真正转化成动力，而依靠的主体就是具备高素质的创新型人才。这种创新型人才必须具备较高的创新意识和较强的创新实践能力和创业能力，达到社会对人

才的综合要求。当前，高校肩负着构建就业创业教育体系的重大使命，同时相比于其他组织机构，是创新科技知识的集中之地，在传授、转化和应用知识方面无可比拟，因此在知识经济时代扮演着重要角色。现在，随着知识经济时代的进一步发展，对人才培养提出了更高要求，高校的就业创业教育也调整了培养计划和目标，不再单纯关注学生就业，而是引导和鼓励大学生积极创业；同时不再单纯强调学生一味应用所学知识，而是要求其在应用基础上积极创新。因此，在知识经济发展的时期，高校所培养的人才必须是全面的、复合型的，才可满足知识经济发展对创新型人才的急迫需求。

由于我国正处于社会转型期，计划经济存在的问题并没有完全解决，市场经济发展尚未成熟，对资源的配置和经济的发展要求较高。为了维护经济的稳定发展，只有对传统制度进行改革，形成覆盖全面、协调有序的新经济发展体系。在经济转型期，高校积极落实就业创业教育，对实现经济稳步发展而言具有积极意义。同时，对于大学生来说，不仅可以提高其从业能力，还能使他们的创业能力得到提高。

（二）全民素质和教育现状得到有效改善

全面改善国民素质，解决当前的教育问题，是进一步融合于知识经济时代、充分利用新科技、适应市场经济发展的必然要求。有利于更准确地把握社会提出的人才培养需求。与传统教育相比，就业创业教育无论是内容还是形式，都总结出了新的模式。资料表明：改革开放以来，国家一直主张要通过不断的学习，找出解决经济增长过程中出现的问题和困境的解决方法，并消除人与人之间的差异。如果没有足够的学习，人类的发展将会越来越不利，人与人之间的差距将会越来越大。特别是学习方法较为陈旧的阶段，面对全球蔓延的共性问题，人类和社会的力量显得极为渺小，缺乏充足的知识和能力解决问题。所以，无论是历史挑战还是未来问题，关键在于实现传统教育改革，全面普及以创新理念为主的学习和教育，保持国家的健康发展。就业创业教育让大学生形成了不同于传统的创新就业理念，并影响高校根据社会需求来调整人才培养理念，这是我国高等教育改革的重要内容。就业创业教育要汲取国外的先进经验，在各领域开展系统性、全面性、差异性的创新教育，不断深化教学体制改革，最终形成具有中国特色的就业创业教育模式。

对于就业创业教育改革而言，高校应从教育的理念、内容、方法、设施以及目的出发，因地制宜的培养出个性化、复合型的目标指向型人才。在知识经济时代，要把提高国民素质、加强人才培养、提高经济建设、振兴国家经济作为首要任务。在就业创业教育的内容方面，要突破专业与行业间的壁垒，完善教育知识结构，拓展专业范围。使学生能够根据个人喜好，选择感兴趣的专业知识进行学习，构建适合自身的知识体系。学习时，萌生创新思想，并随着学习的深入逐渐强化。而教师在授课形式上，除了传统的讲授方式，高校还应通过不同途径，为学生提供讨论、练习的机会，在角色扮演或案例分析等实践中，提高学生发现商机、寻求伙伴、团队协作等能力。此外，高校还需要通过多种不同类型的实践活动，让学生的就业创业经验得到积累，能够在激烈的社会竞争中屹立不倒。因此，应重新定义高校的教育功能，从社会、经济、教育、人才等方面入手，培养学生的创新理念与行为能力。通过多样化、差异化、全面化的教育模式，为我国的经济发展培养出一大批创新型人才。这不仅是教育的历史使命，更是当前经济可持续发展的推动力所在。从社会视角来看，全面开展就业创业教育，是改善全民素质的重要手段之一，同时有利于促进我国高等教育改革进程。而从具体国情来看，就业创业教育的开展势在必行，重点在于找到正确且科学的方法推动改革的顺利进行。事实上，高校实施就业创业教育包括两层含义：一方面，就业创业教育的实施是在为社会源源不断地输送高素质人才；另一方面，在知识经济时代，就业创业教育的开展，能有效改善并完善国内教育内容体系的不足与缺陷。

（三）是区域经济转型的推动力与支撑点

目前，发达国家普遍通过就业创业教育来培养社会各行各业所需的新型综合人才，希望借此能够加快经济转型进程。对于国家或地区的经济发展具有重要意义。尤其是对于发达国家的区域经济而言，每个地区都注重区域特色和领军行业，而就业者与创业者所创造的财富成为区域经济发展的重要支撑。就业者与创业者的素质、能力以及数量对各地区区域经济的发展速度、质量、可持续性、稳定性起到决定性作用。而区域经济发展的速度和质量对新企业的数量同样也起到决定性作用。因此，国家经济发展状况如何，一般也通过该国就业人群与创业数量、质量来体现。

（四）满足社会对新型人才的需求

劳动者的定义并非简单地指贡献体力劳动的人，更强调能够提供脑力劳动的人才，后者是经济社会发展所需的强大力量，而只有通过实施高等教育才能培养真正意义上的劳动者。就业创业教育是劳动者具备综合素质必须接受的教育内容之一，对大学生明确就业观念与行为鼓励，体现出其导向性，而通过向社会输送新型人才进而促进经济社会发展，则体现出其驱动力，综合来说，这是教育活动中的高层次教育。在职业发展方面，大学生未进入社会前就针对未来发展制定职业生涯规划，它具有长远性，是大学生综合各方面因素考虑的结果。这也意味着该计划具有不确定性，因为包含着诸多影响因素。其中，就大学生个人而言，更为重要的是与就业创业相关的所有因素，如思想、能力、品质、专业知识等。只有接受系统的就业创业教育，大学生才有可能具备较高的综合素质和能力，从而应用于就业创业实践，并使个人素质和能力得到改善。可以说，就业创业教育对于大学生而言，是在两者之间形成了相互作用的关系，经历过就业创业的大学生，可能得到更多的发展机会。

就业创业教育要注重对人才素质的培养，如培养出素质较高、创新意识较强、实践能力较强的人才，让学生们充分实现其人生价值和目标。二者的内容本质上是相通的，相辅相成。就业创业教育在新时代引领了教育新风尚，就业与创业相融合，在教育中构成一个体系，而实施和培养的对象或者说主体，则是大学生，在高校的就业创业教育实践中，应对学生们的创新意识和创业精神给予足够重视，并采取措施积极培养。

（五）促进绿色市场文化环境的构建与营造

对于企业而言，无论是已经存在的还是即将创办的，都受到社会环境的影响。为此需要相关部门发挥作用，在加强管理、各司其职的基础上，营造积极良好、和谐有序的社会环境。一方面，政府要根据市场需求及时出台相应的政策、投入必要的资金。纵观就业创业教育实践，越是发展成熟的国家，他们均有就业创业教育专项资金，并将其作为大众接受系统教育的必学内容，认为这是国民教育的一部分。同时还围绕就业创业教育出台了一系列辅助政策或文件，通过此来保障就业者与创业者的合法权益，并督促企业主动接受教育。另一方面，在社会掀起创新文化浪潮，普及创新文化，营造绿色市场文化环境。政府除了以政策支持教育活动开展之外，也在市场规范方面发挥着重要作用。构建并弘扬创新文化，有利于构建开放自主、良性竞争的行业发展环境，规范市场主体行为，将创新活动约束在市场规律之下稳定发展。

（六）有效解决就业难的社会问题

进一步实施就业创业教育，是改善大学生就业形势的主要手段之一。目前这已成为整个社会的统一认知。随着中国人口的不断增加，每年毕业的大学生数量也在不断增多。但相关部门认为，就目前全国高校毕业生数量逐年递增的现状来看，不久的将来，该数量将达到历史顶峰，而大学生的就业形势也将严峻到极点。而之前毕业的大学生并非完全就业，"新生""老生"聚集到一起，构成庞大的就业大军，更加重了中国大学生群体的就业压力。目前，我国经济正处于转型期，金融危机进一步蔓延，我国经济若想实现突破发展，务必要做好就业创业教育工作，为此高等教育面临着全面而巨大的挑战。

第二节 大学生就业创业教育的教学方法创新

就业创业教育是一种具备专业性的教育模式，该模式以所有学生为对象，采取的教育策略较为专业，同时将人才培养理念融入其中，兼顾普及性、广泛性于一体。全体学生均可通过就业创业学习而形成就业理念与创业精神。可以说，就业创业教育将技巧、知识有机结合，已成为目前高校实践育人的主流方向。实践表明，由于教育对象广泛、专业类别多样、培养目标分层等状况的现实存在，经常会听到实际工作者报怨"学生太多了，只能讲讲算了，根本没有条件使用其他教学法"，从客观角度看，这也是高校缺乏多样化的就业创业教学方式、课程实效性较差的原因。多数高校形成了教学模式"以教为主"——易僵化、教学内容"以知识为核心"——重理论、教学方式"以课堂为主体"——脱离实践的局限性。学生无法获取必要的就业创业体验，这对于就业创业教育的转型而言形成了阻碍。

一、职业生涯规划引导下的就业创业教学体系

信息技术的发展对社会生活产生了深远影响，高校就业创业教育更是如此。以职业生涯规划为引导的就业创业教学体系，是目前信息时代的明智选择，体系内各要素彼此紧密联系，是循环往复的圆形发展轨迹。

第一，以职业生涯规划为引导形成就业创业课程体系。在大学生就业创业教育中，能够让学生掌握就业创业知识及思想的，是就业创业教育课程，对其进行合理设置，尤其是搭载现代信息技术，再结合学生自身的特点和个性，建立随时随地可供学习的环境和课程。举例来说，可以围绕职业生涯规划设计网站，或是开发教育类型 App，其内容包括成功的就业创业事例、教师线上教学视频等，方便学生随时学习和复习。为提高有效性，建议将其与学生的学分挂钩，督促学生坚持学习，掌握就业创业基本知识和能力。当然，也可以通过线上联系，如讨论群组，安排专人轮班，便于 24 小时都能为就业创业者提供服务；或者提供给学生满意的就业创业教育课程，按时组织大家参加活动，让其课程越来越具有影响力。

第二，发挥职业生涯规划的优势构建就业创业文化体系。综合考虑学生各自特长成立就业创业教育社团，在此基础上，需要投入大量的资源，将就业创业教育活动开展各个角落，并使其影响力越来越大，营造良好的就业创业教育氛围；在各种报刊、公共场所进行宣传，以就业创业典型为榜样，尤其是文化的借鉴，

通过此来激励大学生就业创业，而取得成功的学生，也要给予其相应的奖励。借助多种形式营造有关就业创业教育的文化环境，潜移默化地影响大学生，进而化为内在动力，踏上社会之路，利用所掌握的知识和能力，开展各项实践。

第三，充分利用新时代即时交互的特性，让学生超越时空界限获取所需资源信息。信息技术普及的新时代，掌握主动权就应及时把握和利用信息化。在好奇心驱使下，大学生早已成为最大的信息使用群体。基于此，高校可将现实课堂化为虚拟在线课堂，结合本校实际开发专门的 App 手机客户端，或是创建其他公众平台如微信公众号等，分享有关就业创业的最新最热资讯，增加对学生的吸引力。为了提高利用率和浏览量，建议定期聘请成功的就业者与创业者分享经验，与学生在线互动交流，解疑答惑，坚定学生的就业创业信心。

第四，需要充分利用信息技术为就业创业者搭建切实可行的模拟实践体系，就业创业需要动手动脑，不再仅仅停留在书面知识的学习上。要将所学理论知识充分应用到实践中去，不再局限于传统的实践方式，将"创造性、实践性"显著特征从各方各面体现出来。高校领导应该积极主动组织大学生们参加实践活动，着眼于长远考虑，使就业创业实践的目标最终达成，即充分发挥就业创业实践的长效作用。以完整、有效的考核制度作为手段，能够推进就业创业实践在高校中的开展，师生双方能够在工作中深入理解就业创业教育的价值。通过就业创业实践基地的建立与发展，日常教学管理内容与就业创业实践计划之间紧密相连，在预算支持、资金保障、物资辅助的作用下，基地能够发挥实际效用。

第五，充分利用信息技术为大学生创建就业创业教育评价系统。通过实际经验总结可知，仅仅依靠综合素质与实践能力并不能很好反映真实情况。为了使就业创业教育目标能够顺利实现，需要以信息技术为依托，分别考察关键指标，包括就业率、创业率、影响力、成功率等，从而创建完善的考察模型，用大数据分析法，得出科学结论，以推进就业创业教育健康持续发展。

二、就业创业教学方法创新的意义

（一）打破传统教学方式

传统教学模式具备如下特点：一是教师、学生二者之间知识的传递路径，即传授、记忆、回忆、再现；二是以"教"为主，"学"为辅；三是学生的正确解答被教师嘉奖，但包括近似解答、设想、解释等不予重视；四是教学期间，教师过于注重自身的权威；五是一味关注通过考试取得的分数，认为分数代表一切。对于学生来说，传统教学其实是让学生依靠记忆来学习，学生只要记住教师和教材上教授的知识即可，真正的思考很有限。长此以往，学生便被此种教学方式所禁锢，学习积极性大打折扣。课堂中的学生作为个体，应被视为课堂的重要主体，然而从现实情况来看，学生参与教学过程的情况并不乐观，教师在教学时也只是激发了学生的理性认知，学生的非理性因素则被忽视，包括学习需求、学习动机、学习兴趣、学习情感、学习人格等。此种课堂的活跃性、灵活性较弱，学生身处其中无法感受到学习的乐趣，也就无法实现自身的突破，学生的好奇心理无法施展，难免产生厌学情绪，久而久之，对于教师而言，也陷入了消极的课堂气氛之中，容易产生教学负面情绪。所以研究并应用新的教学方法至关重要。

案例教学、体验教学以及项目教学这三种互动性更强的方式相较于传统模式而言，优势很明显。总体而言，表现有三：首先，自主性。学生不再是课堂中被动接收知识的角色，而变为课堂主角，教师则从主导者转变为引导者、导演者，学生被给予了展示才能的机会与空间；其次，拟真性。教师为学生提供客观环境以供模拟真实情境，根据不同环境的差异化特征，学生能够更高效的融入角色；最后，交互性。师生双方能够积极沟通、顺畅交流、彼此启发、实时互动，学生能够在师生双方的交互中锻炼解决问题的能力。可见，上述教学模式的优势突出。但实际上，传统教育观念在一定程度上会制约创新性的教学方式。因此，在心理上，学生更倾向于案例教学法，但行为上却并非如此，因为他们缺乏参与的意愿、自由和信心。而这体现出学生身上存在的一些问题，如能力不足、态度不端正、认识不充分等。这是因为学生长期接受的学习都是被动的，家庭教育和学校教育都限制了学生自由个性的发挥，也无法勇敢地表达自己的观点，害怕让家长和教师失望。同时语言表达能力、独立思考能力、随机应变能力不强，需要较长时间才能进入角色，因此不少学生与案例教学格格不入，也很难取得良好效果。

根据上述可知，案例教学方法对于传统教学方法所进行的改革较为全面，不仅涉及教学技术、形式包装，同时需要改变教育观念。而体验式教学则以体验训练为依托，引导学生在学习过程中进行反思，过渡上升到对于理论知识的理解，学生在受到启发后能够自主结合理论、实践。该方法可以有效打破传统教育体系里单一式教学、强制性灌输、理论主导、静态式接收的学习模式，学生所处的学习环境更加轻松、开放，有益于学生自觉积累知识、提高技能。项目教学方法为师生双方提供了共同参与、完成项目的机会，教师更多担任的是项目的提供者和指导者，而项目实施中需要运用哪些知识、问题的提出和解决均由学生自己来完成，学生的积极性由此可以得到调动，主观能动性更强，自主学习意识逐渐强化，这也是就业创业过程中非常重要的一项能力。

（二）整体提高大学生就业创业能力

就业创业活动源于机会、能力的有效结合。就现有形势来看，大学生就业创业的主要难点在于自身所具备的能力不足以匹配机会。换言之，面对多元化的就业创业机遇，大学生们的能力偏弱，无法有效抓住就业创业的时机。在此情况下，通过案例教学法的实践，学生能够强化就业意识、提升创业能力、培养创新思维，这也是目前高校开展就业创业教育的当务之急。学生就业创业能力的提升必须以实践为根基，高校需要引导学生养成"怎么做"思维，而非"是什么"思维。传统教学模式很难实现这一目标，而新的教学理念所具备的探究性则可以有效帮助学生改变思维。教育模式的转变是一场不可避免的教学革命。这场革命有三个特征：教育的起点和主体从教师转变为学生；学生从被动者转变为主动者，从知识的接收方转变为探索方。教学被教育所替代，学生在学习知识、掌握技能的同时，还可以得到精神启示、树立智力品格、掌握"心智状态"，而"学生的创造力首先是心智状态、思维方式问题，其次才是知识、技能问题"。这对于实践性特征突出就业创业教育尤其重要。培养学生的就业创业能力不能过分地依赖知识的传授，而是要着力培养学生对自然现象和社会现象的关注度和敏感度、培养学生辨析和解决问题的习惯与能力、培养学生批判性思维的习惯与能力。

三、就业创业教学方法创新的举措

就业创业教学需要突出实践性，区别于其他教育类型，其所要完成的教学目标无法通过理论讲解、知识传授等传统方式来实现。相比于显性知识教学，就业创业教育中的缄默知识需要采用非语言类的说明方式传递给学生，从形式教学的传统思维中跳脱出来，以逻辑性更强的方式引导学生进行反思。换言之，显性知识、缄默知识两种教育内容所采取的教学方式应该有所区分，才能够确保就业创业教育能够取得成效。基于此，高校需要开展课程、实践相结合的模式创新，将学、做有机结合，以实践为导向构建新的教学体系。

（一）重视实践教学

课堂教学需要解决教学内容的问题，即"教什么"。不难发现，以实践为导向的新型教学体系与企业的实际经营情况更加相符，也更契合企业家的思维，将实践教学视为学习环境设定的重点，对现实情况进行深度剖析，为学生构建更具备现实意义的学习氛围，这也是新型教学方法的设计关键。在教师所构建的学习环境之中，学生能够围绕实际问题展开探究、讨论，进而得出具有实际价值的解决方案，这被视为新教学课堂的核心。此外，课堂教学还需要解决教学方法问题，即"如何教"。教师需要采取区别于传统方法的探究式方式来完成教学任务，将案例教学、项目教学、体验教学等进行合理搭配，引导学生自觉决策、创新实验，从而帮助学生强化子很的主体意识，合理组织创业行为。

（二）构建体验平台

目前，高校就业创业教学体系中所采用的体验平台以大学生就业创业竞赛为主，每年参与比赛的学生人数超过万名，学生在竞赛期间能够直、间接体验就业创业过程，竞赛过程中所形成的较功能具备了突出的实效性。但也有研究者认为，该项活动为学生提供的参与空间具有局限性，适用对象无法覆盖全体学生，仅针对精英学生而言起到了训练作用，而大部分学生仅将自己视为看客，无法真正参与其中。即此平台的形式效应大于应用效应。

从本质上看，这一问题一方面来源于活动组织方，另一方面来源于活动本身。问题的解决方法需要政府、学校、社会三方共同努力，将培训、服务、教学等环节之间建立起更加紧密的联络关系。从活动本身来看，需要明确实践环节的导向作用，延伸竞赛的影响范围，不断拓展活动的实际价值，重视赛前培训环节，明确"以赛促教、以赛促学"的活动目标，拓展培训对象，可为全体学生提供培训机会，增强就业创业文化的普及性。赛前培训的内容应调动起学生参与其中、自觉实践的积极性，强调市场调研环节的必要性与重要性，锻炼学生搜集、分析、整合一手资料的就业创业能力，引导学生识别就业创业机会、了解社会环境。与此同时，需要提高赛后转化率，助力项目对接、项目运营，政府、企业、社会三方为学生的就业创业实践予以支持，有某一部门专门负责赛后转化规划、协调、统筹工作。需要注意的是，确立专门机构来完成上述工作十分必要，这也是计划付诸实践、获取实效的基础。

在实践过程中，可采取的教学方法具有多样性，比如，可以孵化器、科技园等平台为支撑设计体验式教学方案，学生可深入实验研究，有益于衍生企业数量的增加，同时也可使企业获取更高的生存率。根据实践经验可知，在实践教学中，校方可采取学生社团、就业俱乐部、创业论坛、就业创业实习等策略落实实践教学计划，学生可享受到更具有针对性的"一对一"创业指导，便于就业创业实践教学任务的深入开展。

（三）提供保障措施

一是强化师资队伍的综合素质，加强建设教师队伍。采取案例教学、体验教学、项目教学方法的过程中，教师扮演讲授者的角色，对学生的表现、行为、观点予以监督及指导，角色的转换对教师教学的要求并没有降低，反而有很大提高。教师不再像传统授课那样仅仅进行备课、讲授、考试等教学活动，而是需要运用多方面的知识来满足更加综合的教学目标。

二是给予更多资金支持与政策支持。创新型教学方法的选择与应用离不开强有力的政策支撑。政府作为公共资源的掌控主体，需要充分挖掘、发挥信息优势，履行行政职能，推进高校的就业创业教育计划。目前，政府对于高校就业创业训练计划给予高度重视，多地出台政策与优惠措施，通过"搭建平台、集聚资源"等措施，为大学生提供就业创业训练的项目。

在高校就业创业教学中应用案例、体验和项目教学法还需要有充足的资金保障。案例、体验和项目教学法不同于传统教学法，不但教师的课业任务加重，还需要开展第二课堂活动，比如组织学生到企业开展具体教学项目或购买一些软硬件设施来支持项目教学等，便于为就业创业教学任务提供更多资金支持。地方政府需要强化对财政资金、社会资金的整合能力，借鉴国外教育的成功经验，如政府主导、市场主导等资金渠道。中国可以同时结合政府主导、市场主导两种模式进行结合，形成更加综合、多元的资金渠道，建设就业创业资金支持体系，对社会援助、企业支持等行为予以积极鼓励，建设就业创业基金，为高效的就业创业教学提供资金保障。

四、就业创业教学方法创新的应用

（一）案例教学法的创新应用

由于高校开展就业创业教育的时间较短，在科学运用案例教学法来提升教学品质、增强教育能力、借鉴国外案例的比较多，结合国情和地方实际情况自编案例并进行完整意义上案例教学的高校比较少。亟须通过深入研究来探索案例教学法在高校就业创业教学中具体应用的途径和方法，以此切实提高高校就业创业教学的质量并推动其不断发展。

1. 案例选材问题

案例的合理性、准确性与案例教学方法能否取得成效直接相关。高校以全体学生为对象实施就业创业计划，学生的专业不同，知识背景和专业兴趣有着很大差异。面对这种情况，如果照搬案例，则会使多数学生产生距离感，不仅不利于调动学生的学习积极性，也无法使学生的注意力集中，所以在案例选材时要注意以下几方面要求。

首先，以培养学生的就业创业精神为选材定位。作为启蒙教育，就业创业教育的目标包括：将就业创业基础知识普及给全体学生，包括基础过程、基本技能等，令学生能够自觉形成就业创业意识。在教学过程中，发现那些对就业创业有着浓厚兴趣并想在大学期间或毕业时进行就业创业实践的学生，组织形成类似"就业创业实验（先锋）班"之类的组织，进行接续性的跟进教育，开展个性化培养，引导学生走向职业规划之路。基于启蒙教育的基本定位和两方面的基本目的，在高校就业创业教育中，要重点选择那些能够培养学生就业创业精神的"鼓舞型"案例，通过案例教学使广大学生认识到就业创业并不是高不可及，形成"人人可以就业、人人能够创业"的基本态度和价值观。当然，在对大学生就业创业"鼓劲"的同时，应确保适度，不应对成功就业创业的收获过度宣传，避免学生陷入误区，形成不正确的就业创业观。

其次，选材的基本原则是"就地就近"，不应对成功经验过度推崇。实践表明，学生对于可触及的现实案例的关注度更高、讨论倾向性更强、参与度更大，而对于引进案例，除了几个耳熟能详的大公司和大人物之外，对于知名度不高的中小企业案例则很少有兴趣。一方面，案例可以就地取材，中国经济具有很强的地域特色，历经长时间发展，出现了包括晋商、潮商、徽商等商帮组织，自改革开放之后，又出现了特色经济发展模式，如"苏南模式""温州模式"，这为地方为高校提供了便利，校方完全可以就地取材，对学生进行案例教育。另一方面，高校可以充分开发校友资源，将就业创业案例引入创业教育，将教学内容与学生身边实际相联系，这样易于学生接受，同时能够激发学生的就业创业热情，克服对就业创业的畏惧心理。

2. 教师角色问题

就业创业教育中的案例教学主要以讨论的方式来进行，在讨论过程中教师应该扮演什么样的角色呢？是"裁判员"还是"运动员"？是"引导者"还是"助产士"？教师的正确角色定位对于案例教学的成功实施至关重要。有学者认为，教师在开展案例教学前，对个人角色进行调整的同时也需要对心态加以关注，教学过程中，教师应明确自身的倾听者、促进者、引导者身份。但需要指出的是，由于高校就业创业教育存在的大班级课堂、各专业交叉、学生准备情况参差不齐等特殊性，客观上要求教师有相应的角色定位。

首先，"倾听"而不"放任"。案例教学法强调的是不同观点的呈现，其突出特点是不提供明显且无争议的标准答案，学生提供的答案与标准答案之间存在出入时，教师需要对学生给出答案中的错误观点进行纠正。教师要耐心聆听学生的发言，然后给出自己的意见，如果发现学生有错误之处，还应及时指出并引导学生及时改正。让学生明白什么是可行的，什么是不可行的。

其次，"引导"而不"主导"。教师之所以要引导，是因为学生在讨论经常会偏离主题，在这种情况下，教师要通过必要的引导使讨论向着课程目标前进。虽然案例教学讨论的方式是自由的，但是这种讨论是有方向的，即"有方向的自由"。引导要注意把握度，既不能过早发表自己的意见，学生内心形成了发表独立见解的抵触情绪，教师不应用嘲笑、谴责或命令的口吻来主导讨论进程。教师要和学生处于平等的地位，共同致力于知识的探讨，给学生以自由发言的信心，始终保持宽松自由的氛围。

3. 适用性问题

案例教学法的优势是很明显的，但实际应用中出现的不足也同样需要引起注意。部分学者表示，该方法需要花费的时间、精力较多，对于水平偏低、年级偏低的学生而言实效性欠佳。就业创业教学期间，由于条件和资源的客观限制更是要充分考虑案例教学法的适用性。

首先，要明确案例教学的目的重在激励学生的就业创业行为，而不在于对案例进行理论分析。针对这一问题，有学者尖锐地指出：目前在就业创业教育中占优势地位的案例教学方法如果强调理论分析而不是自觉决策和创造性的实验，那么案例教学也是反就业创业模式的。为了有效避免占优势地位的教学方法蜕化为"反就业创业"的教学模式，关键在于准确把握开展案例教学的目的。

其次，将案例教学、实践调研和多样化就业创业活动紧密结合。教师可将学生划分为不同小组，不同组别完成各自的调研任务，组员可利用课余时间亲临企业现场调研，为推进调研计划，教师需要同时组织具有多样性的就业创业教育活动，包括讲习班、小组讨论、网络教学、客座演讲等形式，令案例教学方法的实施具备更多的社会力量支持，使得教学实效性、针对性增强。

（二）体验教学法的创新应用

就业创业教学集理论、操作、实践于一体，若缺乏教学模式的创新、缺乏就业创业能力的体验与实践、缺乏具有针对性和实效性的教学方法，就业创业教育便会停留在空洞的理论传授层面。体验式教学法对于破解这些现实问题、切实提高高校就业创业教育的成效意义重大。以体验式教学理论为借鉴依据，从提升就业创业教育实效性的角度来看，体验式教学法是一种能够让学生亲身体验就业创业实践过程，通过观察、思考从而获取知识，掌握技能，采取指导实践的教学行为和方法，解决就业创业教育的现实困境。

1. 具体应用

在高校就业创业教育中应用体验式教学法的最终目的，是让学生通过体验过程了解就业创业教育的精神内涵，而不是单纯地知道就业创业教育理论知识。高校就业创业教育强调学生的感知和认知过程，以此作为接受就业创业教育的前提和基础，在体验中"验证"创业理论知识并"应用"于创业活动中，才是体验式教学法的真义所在。

第一，感知体验之头脑风暴法。感知体验强调的是在就业创业教育授课过程中，令学生在感官上形成认知。头脑风暴方法的使用过程中，学生能够得到自由发挥空间，经过讨论，激发出新的观念、想法，令自身的感知体验能够增强。该方法需要学生群体之间相互作用与影响，形成群体思维，借助联想反映、热情感染、竞争意识，产生思维碰撞，有助于创造性思维的产生，提升创新意识。

第二，验证体验之角色扮演法。通过角色扮演的方式，进行验证体验，是体验式教学法的基础。

第三，"体验"方法。该方法通过情景模拟的方式，编制一套符合实际、模拟就业创业环境与活动的方法，该方法需要扮演者以多种解决方法处理潜在问题，进而对学生的实操、决策、领导、判断能力进行测评，并能够了解其心理素质水平。

2. 主要问题

就业创业教学中的体验恣意化。在就业创业教育中运用体验式教学为了创造、模拟真正的创业环境和创新平台，随着社会进步，教师和学生的角色有了很大的改变，教师不再像以前那样仅仅停留在"传道、授业、解惑"转变为教育中的引路人，扮演着导演、裁判、咨询者角色；学生从传统的被动学习者变为自主学习者，扮演着就业者、创业者、企业家角色。学生的自主权被无限放大，教师在学生为主体的课堂中成为辅助方和旁观者，容易忽略对于课堂整体的主导和把握，出现恣意化的体验现象。具体表现在言语恣意化、管理操作恣意化和角色体验恣意化。

就业创业教学中的体验虚假化。将体验式教学法运用在高校就业创业教育中，主要目标是为了让理论与实践充分的结合起来。将先进的教学方法与课本知识相结合，配以看得到摸得到的实例，让学生对就业创业教育有着更直观的认识，这就需要教师在运用体验式教学法的过程中，注重给学生以真正意义上的体验，而不是将体验教学虚假化，变为"走过场"。具体表现在体验模式虚假化和体验感受虚假化。

3. 促进机制

传统教学一般采用统一标准和固定模式，对教师的考核主要是从授课内容、授课形式和授课效果三方面来进行评价。通常都有标准统一的答案，学生学习结果主要是通过各种考试来进行考核，根据考试分数来判断学生掌握情况。对比传统教育，体验教学注重的是学习过程而非学习结果，以往的分数量化评价方式只能衡量出学习者对学习结果的记忆程度，并不能反映学习者的真实体验过程。单一固化的评价衡量标准，已经完全满足不了多元化发展的现代就业创业教育的需求，因此迫切需要多元化评价方法。不能完全按照一个标准去评价学生，要有一定的弹性，让学生的个性特征得到充分发展。

关于教师评价，首先，既应侧重授课内容及授课效果转化，注重案例选择、教学情景设计和以学生为主体的授课效果，又应侧重理论与实践转化，进行全方位培养；其次，对学生的评价中，既应侧重教学效果的过程评价，即学生心理历程、交流沟通和理解应用，要多留意体验式教学过程中学习者是否全身心投入进去以及体验感受，这需要平时教学过程中多进行观察，适当地进行测试，熟能生巧，还需要反复练习，通过对学生作品进行评价，让学生通过体验，多总结经验，重点是了解学生的思维能力和应用能力如何；最后，评价机制的主体不应该只考虑学生或者教师，应该兼顾考虑，既涵盖师生双方互评，又涵盖教师之间和学生之间的评价，侧重点也不同，这样做的目的是为了增强教师和学生对体验教学的深刻感受，进而形成体验式教学法在高校就业创业教育中有效应用的长效机制。

（三）项目教学法的创新应用

项目教学法，就是学生在教师的指导下，在专门的学习群体或者学习小组中，每个小组成员都有不同的兴趣爱好，可以根据自己的兴趣和生活经验来进行提问，或者说出自己参加学习的愿望，也可以叫作项目创意，判断活动到底能不能按照计划去执行，活动安排要始终围绕定下的目标来展开，学习内容和学习方式也要在活动安排的基础上去安排，最后，不要忘记评估活动效果，进行归纳总结。最大的不同之处是以项目为载体，实现各种知识与能力的整合与重构；将全部注意力放在学生身上，让学生能独立自主的学习，可以建立学习小团队，边学习边研究其可行性，重视学习过程，注重学习效果，这样才能更好地完成教学目标。高校要多组织大学生参加真实或者模拟就业创业实践，这样才更好地为他们提高宝贵的就业创业经验，激发他们的就业创业意识，就业能力与创新思维会得到大大提高。在高校就业创业教育中运用项目教学法，应明确以下 3 个方面。

1. 明确目标

进行就业创业教育是为了培养学生的就业能力与创新思维。在校内教育部分，既要面向全体学生开展启蒙教育，也要结合专业教育开展嵌入教育，可以将准备就业或创业的学生组织起来，进行专项培训，还要对创业者开展教育培训和帮扶。通过开展高校就业创业教育要完成两个基本任务，第一，了解并掌握一些基本的就业创业基础知识，熟悉流程，提高基本技能，让他们产生兴趣。第二，对那些有就业创业想法的学生集中进行专项培训、个性化指导，引导学生走上社会之路。

项目教学法在高校就业创业教育中的应用要努力促进此目标的达成，在 4 个层次的就业创业教育中均可利用项目教学法来提高教育的针对性和实效性。在面向全体学生开展的启蒙教育阶段，学生的就业创业意识非常薄弱，因此，可以有针对性地选取难度比较低、学生非常喜欢而且愿意参与的项目，让学生自主选择就业创业实践，同时要深刻认识到就业创业需要继续学习，不断提高自身知识的积累。要根据不同学科的特点，结合专业特色，最好是所选择的就业职位与创业项目是和自己所学专业相关的，这样能更好地发挥出专业特长，在不同的阶段需求不同，侧重点也不同，要有目标的进行实战演练。因此要选择知识融合度大的项目，还可以根据现实中的经典项目拿出来做案例分析，让学生进行模拟练习。这样才能让他们在遇到问题时，知道该如何去处理问题，解决问题。

2. 组织形式

项目教学法采用的是团队合作形式，即一定数量的学生和教师共同参与到项目的实施过程中，教师在其中担任指导者的角色，学生充分发挥其自主性，并在教师的帮助下完成学习任务。当团队真正投入进学习的时候，团队整体产生的成果会让你出乎意料，和其他学习方式相比，团队学习是进步最快的。就是因为这个原因，团队学习形式是很好的组织实践教学的方式。

事实胜过雄辩，芬兰韦斯屈莱应用科技大学的团队就是非常好的榜样，在他们学园里只有开放的办公区，没有课堂，有非常多的教练，却没有一位教师，有问题讨论时通过对话会议，却没有班级，从来不进行案例学习，却全是让学生参与真实的项目；没有一板一眼的讲授，有的是大量的实践学习。项目教学法满足了就业创业教育的实践诉求和"学以致用、边用边学"的教学目标，在高校就业创业教育中运用时，需要具体问题具体分析，不能一概而论。首先，对于全体和各个专业的学生，可以通过普及式教育来讲解就业基础知识和创业基本流程以及相关技能，虽然大学生有不同的专业知识，但是都可以选择进行就业创业。其实，普及式创新教育并不是非常新颖的事，我国目前的选修课形式就是普及式就业创业教育的一种。这种就业创业教育的优点是，不同学科背景的学生之间组成的是临时性的团队，这种团队会随着课程实践的结束而解散。另一方面，一些学生未毕业就对创业十分感兴趣，而且希望边求学边创业或者毕业后马上开始创业，通过利用聚焦式教育，可以培养越来越多优秀的创新型人才。这种模式可以采用固定团队的形式，这种团队的周期长、综合性要求非常高，目的是通过各式各样的活动去提高大学生的就业创业素质，形成系统全面的就业创业理论体系。

3. 教学效果考核与评价

在项目教学完成后，如何对学生的表现进行考核和评价是一个值得深思的问题。首先可以让每一位团队成员进行自我评价，然后让团队成员相互评价，最后，让教师来进行总结和发表意见和建议。同时还可以根据具体项目类型设置网络投票环节，但这些过程都需要有一定的监督措施。评价标准可以从三个方面来进行，分别是团队练习表现、文献学习和研读、实践环节等等。团队成员根据自己团队完成就业创业教育目标的情况，同时结合自己在团队中的表现，是否掌握了就业创业相关知识和技能来对自己做出评价；为了防止恶意评分的出现，互评可以采用去掉最高分、去掉最低分的方式计算评价结果；教师根据学生个人及所在团队的表现，给出评分；网络投票环节要严格把关，可以设置投票限制条件，比如只有本校学生才能投票。为了评分更加合理，可以选择部分创新创业领域专家，采用层次分析法计算出每一项的权重，对以上 4 项评价结果进行加权求和作为综合考核结果。

案例：重庆大学就业创业教育教学创新

针对就业创业实践与专业教育"融合难"问题，重庆大学主张将就业创业实践从传统素质通识教育的"泛化"瓶颈中剥离出来。通过在专业教育中建设有效的融合载体，重庆大学率全国高校之先构建了"1+X"分布式就业创业空间，并推动"一学院一空间"计划，以国家级众创空间为主体，在所有专业学院打造了18 个就业创业空间。同时，以就业创业空间为基础，与美术、建工、机电等学院共同开展专业教育与就业创业教育深度融合改革试点班。两年来，重庆大学以分布式就业创业空间为主要载体，新培育了 140 余个就业创业探索团队，专业学院的自主性和参与度被充分调动。

第三节 大学生就业创业教育课程体系的建设途径

就业创业教育具备较强的实践性，教育内容与课堂本身之间有着千丝万缕的联系，同时就业创业教育与普通的教育又有较大的区别，如何设置高校就业创业教育的课程也成了不少学者探讨的话题。目前，对高校就业创业教育课程体系的设置有三种思路：第一是按照授课内容的不同分为实践性课程和理论性课程；第二是以课程形式为依据进行划分，得出隐性、显性两种分类；第三是以授课形式为依据进行划分，得出学科类、环境类、活动类以及创业类四种。本书依据高校就业创业教育的共性目标和个性目标，将高校就业创业教育课程做如下体系设置。

一、基础学科课程设置

就业创业教育基础学科课程是为了奠定就业者与创业者进行就业创业活动基础而设置的，旨在为他们构建就业创业基本理论体系，使其认识到就业创业是什么，就业创业所需要准备的知识和技能储备有哪些，就业创业教育的理论基础、创业辅导课程三个维度完成建设。

（一）理论课程设置

之所以设置理论基础课程，其目的在于从基本层面出发帮助学生理清课程脉络、明确课程意义、普及就业创业基础理论，课程以"就业创业辅导""就业创业理论"以及"就业创业导论"为主。

就业创业教育以"就业创业导论"的知识为基础，该课程以引领学生认识就业创业为目的，并让学生了解就业创业活动需要的准备工作，就业创业活动的步骤及就业创业活动中所要运用的知识有哪些，"就业创业导论"是一门就业创业教育的入门课程。

"就业创业理论"以"就业创业导论"为基础，对课程知识点进行适当拓展，帮助学生掌握就业创业基本技能，为就业创业素养的形成提供依据，同时对国内外经典案例进行介绍，以期激发大学生的就业创业热情。

"就业创业辅导"是指在介绍就业创业基本知识的基础上，进一步阐述就业创业活动的现实意义，以及就业创业活动的未来发展，并适当讲解就业创业活动中的行为思维方式。在就业创业活动过程中了解市场，充分利用各种资源和合理处理各种人际关系与发展问题。

（二）辅助课程设置

设置辅助课程的目的在于提高就业创业活动的质量，课程内容具有多样性，能够与不同学生的个性化特点相呼应，对于不同学生在学科背景、知识储备、个人爱好特长等方面出现的差异性，可以开设能够满足学生个性化就业创业发展需求的活动方案。就业创业教育辅助课程体系还应将重点放在激发有创业意愿学生的创业兴趣、培养企业家精神、注重创造性思维的培养、开阔学生视野等方面。同时，在改变就业创业教育辅助课程体系时，可以结合学校的师资力量，充分合理运用现有的师资资源。考虑到目前就业创业教育师资严重不足的现状，可以在学校现有师资基础上经过适当的培训来培养就业创业教育专业教师。例如外语教师可充分利用他们的语言优势，给学生传授国外先进的就业创业教育理论及优秀的成功案例，管理学教师则可以为学生们讲解企业家精神、介绍不同地区的管理知识。辅助课程以选修课为表现形式，学生以个人爱好为出发点进行选择，课程设置的目的在于增强就业创业教育的教学质量。

二、活动课程设置

就业创业教育本身是一门实践性很强的课程，因此，就业创业教育课程改革中活动课程的设置尤为重要，就业创业教育的活动过程旨在让学生通过具体实践，了解就业创业活动的整体流程，并在具体中找到自己感兴趣的方向，能够将自己所掌握的知识、信息、技能和资源具体运用到一项实实在在的活动中去，真正实现就业创业的意愿，在此过程中能够了解和掌握就业创业活动的基本细节，为真正开展就业创业活动奠定坚实基础。

集体活动课程

就业创业教育集体活动课程具有广泛性的特征，该活动课程应根据高校的整体就业创业教育目标，面向全校学生而设置，旨在达到全面认识就业创业活动。其开展形式可采用报告或讲座形式，校方对就业创业教育专家、已取得成功的就业者与创业者发出邀请，为学生提供与专家直面交流的机会，便于学生从专家的亲身经历中获取经验，起到培养学生就业能力与创新思维的作用。

专题活动课程

就业创业教育专题活动课程是在就业创业教育集体活动课程的基础上，专门针对就业创业活动中某个环节而开展的就业创业教育实践活动，就业创业教育专题活动课程所选择的专题环节一般是创业活动中重要的环节，如营销环节、决策环节。当然，也可根据创业学生的要求，就某一个他们感兴趣的环节或是他们认为困难的环节而展开主题活动。就业创业教育专题活动通常采用商业计划竞赛的形式组织开展活动，同时能够帮助学生形成团队意识，建立良性竞争氛围。常见的就业创业教育专题课程有模拟营销大赛，对企业运作流程、企业文化的建立等进行参观。

项目活动课程

就业创业教育项目活动课程是按照高等学校开展就业创业教育的目标，在就业创业教师的引导下，学生在明确自己就业创业活动的主题下，自行设计就业创业活动项目，并且在学校的支持下，亲自实践自己的就业创业活动，最终完成整个就业创业活动，然后再对自己的就业创业活动全过程进行自我批评、自我总结，令学生积累更加丰富的就业创业经验，强化就业创业学生在就业创业过程中的独立判断能力、自我管理能力，培养就业创业学生企业家的基本素养，使学生在项目活动过程中得到锻炼。

项目潜在课程

就业创业教育项目潜在课程强调的是在高等学校里营造一种就业创业活动氛围，通过这样的就业创业活动氛围来潜移默化影响学生，以达到培养学生的基本就业创业品质，提高学校就业创业教育发展水平和质量为目的。就业创业教育项目潜在课程手段可通过学校已有的条件，可组织经验交流会，激励学生开展就业创业活动，强化就业创业精神。

三、实践课程设计

通过参加实践课程，学生所学的理论知识能够得到实践应用的机会，自身的技能水平会相应提升，便于自身视野的拓展、思维的拓宽。常见的课程类型包括模拟实验、实践。

（一）模拟实验

模拟实验即对就业创业过程的仿真实验，学生参与其中，可通过角色模拟了解就业创业的特点，认识选择岗位、项目的具体流程，梳理产品营销方案的优化原理等。此外，案例分析也是较为常见的模拟实验方法，使学生身临具体案件之中，将自己想象成就业者或创业者，并且分析自己在解决就业创业过程中所遇到的困难，具体的课程包括"沟通技巧与训练""商业营销模式"以及"商业计划与培训体验"。

（二）具体实践

实践的目的在于结合理论、实践，学生可以利用校内实习平台完成实践目标，常见的校内实习平台包括后勤实习、投资实习等。学生在体验的过程中，社会经验能够不断积累，人际交往能力也会得到提升；此外亦可选择校企合作形式完成实践目标，学校、企业之间建立联系，企业为学生提供内部实习岗位，学生能够在真实的企业运营环境中了解企业经营模式，在实际问题的参与、解决过程中，不断提升个人的职业素养。

第四节 大学生就业创业教育的学科化趋势

目前，虽然高校的就业创业教育正朝着越来越现代化的方向发展，但实际上，就业创业教育改革过程中所出现的各类问题也不容忽视，如何找寻有效方法解决

"最后一公里"问题成为各个高校首要难题。部分高校的就业创业教育层次仍旧停留在基础层面，教育模式单一、教学质量难以提升等问题迟迟得不到解决。为避免就业创业教育改革目标落空，需要切实强化学科体系的健全理念，将学科基础夯实。学科建设是大学建设的基本单位，任何一门学问都要找到自己的学科依托。由于当前高校就业创业教育还不是一个独立学科，正在为建设一个成熟的学科体系积累前期条件，本书提出了"学科化"的观点。学科化的本质为过程，即向科学化方向不断推进的完整历程。学科化的课程教育体系对于教学过程的关注度显著增强，对于研究期间的问题给予更多重视，注重规则的独立性，引导研究走向规范化；研究过程中的宏观叙事问题、主观臆测问题是研究重点，增强课程知识的精确度、课程体系的健全度，才能够确保研究的科学化。当前形势下，学科化是明确一线工作者和专业教师学科"归属感"，促进"学术职业"发展的有效载体；是明确就业创业教育目定位，有效克服功利主义价值倾向的重要途径；是推动就业创业教育与实践走向规范化，专业度更高、科学性更强。就业创业应成为学生自觉求学的理性活动，为个人的持续发展提供内在动力。

一、就业创业教育的学科化特点

全面准确把握高校就业创业教育所具备的特点，才能够最终完成学科化建设，可以说，教育体系特征的把握是学科化建设的根本前提。要联结政府、企业和社会，增强协同育人机制的开放性，与大众就业创业结合，顺应全民就业创业浪潮的流动方向，将人才驱动视为创新驱动的基础，从而为社会培养出高素质人才。换言之，目前高校就业创业教育的学科化特点有三：一是整体性，二是开放性，三是时代性。

（一）整体性

就业创业教育不是市场营销、金融财务、运作管理、人力资源、质量控制方法等管理课程简单相加的结果，它需要将这些知识构建为一个体系，以模型为依据，确认课程职能的分散性与独立性，进而通过必要的整合策略加深学生对就业创业的理解程度。这也是当前高校开展就业创业教育时无法收到应有效果的原因所在。到目前为止，管理学院提供给学生的管理课程的主体部分依然为职能性课程，忽视了创新课程、整合性课程在整个教学体系中所占的比重，这显然与当前时代发展的总体趋势不符。也正因如此，整体性课程所发挥的指导意义需要被更加重视。以"商机驱动""资源驱动"以及"团队驱动"为核心的"帝蒙斯模型"能够有效解决当前问题，该模型着重化解了通盘整体的平衡。注重整体性成为蒂蒙斯创业教育理论和实践课程体系的突出特点，此类立足于整体视角的课程体系改革方案应被视为当前高校就业创业教育学科化改革的参考方向。

（二）开放性

就业创业教育的主要任务在高校内部完成，但目前大多数教育平台、资源的来源以政府、社会、企业为主，三方之间的协调、资源之间的汇聚等问题较为突出，只有协调好各方关系、资源的合理分配与利用才能够真正落实就业创业教育的目标。换言之，就业创业教育承载着连接企业、社会、政府、学校四方间关系的纽带作用，在此种情况下，高校应与政府、企业及学生建立起密切而广泛的联系，形成一个社会支援大学生就业创业的网络。就业创业教育具有的开放性特征对于学科发展取向、教师素质要求和教学方法改革都提出了新的更高的要求。

首先，学科化发展不应以理论为指向，也不能停留于理想的描述，而要"直通"现实的培养开创性个人的"教育工程"，对于就业创业教育不能"只会说应该是什么，不知道究竟应该做什么、怎么做"。这便是课程体系开放性的良好说明，对于就业创业教育来说，新的教育取向应为教育工程技术转换提供示范作用，便于从统筹视角出发的理论、实践结合，设计与实施的紧密结合。

其次，学科化改革的开放性将改革的重点从"是什么""为什么"上转移至"做什么""如何做"，这种全新的教学任务需要重新思考"教什么"和"如何教"的问题。就业创业教育不能只局限于传统的"粉笔加讲授"的教育形式，要充分考虑到就业创业教育领域"缄默知识"大量存在的事实，就业创业教育需要向其课程体系的来源方向不断靠拢，从来源处不断汲取力量，从形而上学的抽象理念中脱离出来，组织更加丰富、多样的实践活动，改善教育思维，将改革后的就业创业教育投入于"改造世界"的宏大背景之中接受检验，并随着实践的发展而发展。

（三）时代性

高校就业创业教育改革，需要紧密结合时代特点进行。目前，"衣食无忧而工作短缺"成为世界各国最为头疼的社会问题。这也是各国高度重视就业创业教育的根本原因，因为传统产业创造的工作岗位已经被"机器侵蚀掉了"，为了工作，当代人只能自己创造工作岗位，也是提出"就业友好型"增长的主要原因，考虑到国家建设过程中出现了较多的密集型企业，在资本、技术层面均表现出了密集性，这些企业所提供的就业岗位并不充足，形成了"奥肯悖论"，反映出经济增长、就业需求之间的不匹配。换言之，经济的增长无法绝对带来更多的就业岗位。就国家发展一般规律来看，"就业友好型增长"是被推崇的规律，即经济增长、就业需求之间能够尽可能达成协同关系，在此情况下，我国高校在开展就业创业教育理论研究和实践活动中表现出明显的时代性特征，目前大学生的就业困境问题较为突出，这对高校就业创业教育的改革提出了更加紧迫的需求。

知识经济时代的特点主要在于经济发展的制式化、社会发展的信息化两方面，传统大学课程的教学模式不再与新的时代形势相符合，高校需要形成更具备创造性的教育理念，培养学生的创新精神。知识经济时代的大学已经从社会的边缘转移到中心，直接成为催生新兴产业和推动经济发展的主导力量。在知识经济时代的发展进程中，拥有创新精神的大学生能够产生巨大的驱动作用，这些创新型人才与岗位搜寻者的身份之间存在着根本区别，他们可被视为创造工作机会的群体，不少新兴产业经由这部分人产生，随着新兴产业的不断出现，大学生获得了更为丰富的就业岗位。可以说，具备创新素养的一代人实现了自身的人生价值。可见，创新素养是当代大学生应具备的重要标签，这一标签也反映出当前时代的特点，国家对于大学生创新发展越来越重视，大学生的想象力、创造力具有无限可能性，在创新领域所产生的作用不容小觑。创新元素在当代的驱动作用不仅改善了民生质量，更对社会经济的提速产生了推动作用。就业创业教育的规模应逐渐扩大，社会经济的发展与改革需要更大规模的创新型人才。

二、就业创业教育的学科化道路

在政府驱动影响下，高校以政策为导向，从最初的"以创带就"发展为"大众创业"。基于此，对于就业创业教育体系建设的认知水平需要进一步提高，这项任务不再具备临时性，而应被视为有益于人才培养、助推全民创业的重要战略。但需要指出的是，国内高校的就业创业教育改革需要立足于本国国情，将专业化、广谱化两条道路相结合，以问题、学科为导向，以统筹视角兼顾政府驱动与高校需求，逐步探索出能够实现上下互动的改革路线。

（一）专业化与广谱化齐头并进

当前高校就业创业教育学科化应大力开展专业式、广谱式两条改革路线的并轨尝试，彼此互补、共同推进改革理念的不断更新，在兼顾大多数学生的教学需求的同时，也不忽略极少数，真正做到既能覆盖学生全体，又能根据不同层次学生的差异化特点制定个性化方案，本着明确的改革目标，不断夯实改革基础。高校就业创业教育的学科化就是要以广谱化理念为指导，基于专业化的特征与功能，形成优势互补。以全体学生为对象实施广谱化改革方案，将就业创业理念在学生群体中普及，让学生的创新意识有所增强、创新思维有所完善、创新能力有所提高。与此同时，以少数学生为对象组织实验班，为其提供具有实效性的教育咨询以及创业援助，以整合思路为依托构建出有效的双轨并行的运行机制，以此来促进教育质量的整体提高和学科建设的共同进步。

（二）政府驱动与高校需求上下互动

我国政府对就业创业高度重视，万众创新与大众创业的结合强调了就业规模的扩大、国民收入的提高、社会纵向流动性的增强、社会公平正义的维护。对于个人创新创业、企业创新发展，国家不断加大支持力度，助推个人、企业能够加快自身价值实现的速度。我国政府从国家发展战略的角度出发，本着提高经济发展效率的目的，确认了高校就业创业教育改革所依托的指导思想、所遵循的基本原则、所需要完成的总体目标，为加快落实改革、为广大毕业生提供更高品质的就业创业平台。由此可见，政府对于高校就业创业教育改革的支持力度非常大，"大众创业、万众创新"已成为经济社会步入新阶段后的重要发展驱动力量。从本质上看，高校开展就业创业教育能够为就业者提供发展驱动力，为创业者提供创新支撑力，这对于社会经济发展而言必不可少。

在政府驱动作用下，高校的就业创业教育有着丰富的资源，这些资源经由汇聚从而形成了可产出成果的平台，在政策的支撑、资金的保障下，平台能够得到一定发展。换言之，就业创业教育自身的完善离不开政府导向的作用。但需要注意的是，政府导向并不能被视为推进高校就业创业教育改革的唯一支撑力量，在该任务中，高校为主体，即落实改革方案的一方，对于高校而言，目前的首要任务在于将政府驱动、自身需求之间建立上下互动联系，形成正确的就业创业教育生态环境，为高校、企业、社会三方之间的协同关系树立指导思想。

以高校自身为主体建立以大学生为对象的就业创业平台，将各方力量与资源汇聚起来，为大学生提供丰富机会，同时将知识资本化改革、技术市场化改革路线进一步夯实，形成政企双方的顺畅联络通道，由此可以培养出更多优秀的创新型人才，加速各类型资源之间的进一步融合。企业参与结合服务提供的理念能够为就业创业教育的改革提供支撑与辅助，有益于民间融资体系的持续完善，通过组建非营利性组织的策略，解决大学生就业创业期间所遇到的实际问题，从资金、认证以及技术等多个维度入手，为学生的就业创业提供更加专业化的服务。社会为高校就业创业教育的改革所提供的支持力量表现在文化氛围的打造与维护方面，通过加强学生的创新意识，使学生能够从中切实感知到就业创业行为具备的社会价值，从而明确个人的发展方向。

三、就业创业教育的学科化发展取向

（一）构建共同的教育哲学基础

教育哲学体系中的根本点立足于本质论、价值论以及目的论，换言之，就业创业教育哲学发展中的首要难点在于其与教育哲学领域二者之间的重合度较高。教育的本质可理解为"培养人"，这也是就业创业教育的根本所在，为社会经济发展培养出更高层次的合格建设者与接班人是教育行为的价值体现。优秀的社会发展接班人需要实现自由、全面发展。但在探究过程中不难发现，鉴于教育哲学与就业创业教育二者间高度重合的客观事实，人们对于就业创业教育特征的独立性存疑。如何证明就业创业教育具备不可替代性，成为研究者们的关注点之一。只有对就业创业教育不可替代性的合理论证，才能够将其改革进程加以推进。基于此，在已有理论特质结论的基础上，遵循宏观教育规律，学者们围绕高校就业创业教育展开了多维度的探究，包括本质探究、价值探究、目的探究等，这些研究视角即就业创业教育学科化改革的立足点。首先，主动性是就业创业教育的本质特征，能够反映出其突出特点，即创新创业行为表现出了人们的生活方式，能够描述人们的人生态度，可以对学生所发生的主体行为加以解释。所谓主动性指的是创造潜能的充分发挥以及本能的全面展示，即形成就业创业自觉意识。其次，超越性作为就业创业教育的另一个特征，其能够诠释这一教育项目的存在目的，一方面需要对传统教育理念进行超越，另一方面能够引导学生实现自我超越，即学生能够逐渐形成开创精神。再次，转化性被视为就业创业教育的终极价值，以教育过程为切入点，就业创业教育属于转化过程的一种，学生接受就业创业知识后，就业创业思想逐渐形成，以此为基础，学生能够尝试新的发明、新的探索，知识资本化随之产生，这一过程即意向转化为行动的原理，在此期间，大学生所付出的努力与艰辛都可被理解为知识向智慧转化的过程，与此同时，新的资本与新的行为出现。

高校就业创业教育改革的根基在于共同的教育哲学基础，多个学科研究之间的协调是彼此间矛盾、冲突得以化解的有效途径，改革必须以多学科间的和谐与统一为前提。换言之，就业创业教育的发展需要以"三论"间的高度认同为依托才能够有所突破，也唯有如此，差异化学科知识间的影响才能够推动不同问题的多样性探讨。由此可见，就业创业教育应被视为关系着国家战略发展的重要策略，其与现代化建设体系之间有着密切关系，对于高校教育理念的升级、高校教育体制的改革而言具有重要影响。从学生能力提升、素质培养的角度来看，通过就业创业教育能够解决实际问题。在设置就业创业教育课程时，需要兼顾教材的建设、教师的培训、评价体系的构建等多项任务，形成血肉丰满的就业创业教育学科群。

（二）加强平台建设和人才培养

平台的建设在现阶段是保障高校就业创业教育改革的基本要素。在建设平台的过程中需要注意如下几方面：首先，形成专业模式，商学院、管理学院负责就业创业教育的日常管理、经费筹措、师资培养以及课程设置，以培养出专业化人才为目标，同时增强师资队伍的职业水平。其次，实施广谱化模式，针对全校学生设立就业创业教育学院，将消费外各个资源进行整合，强化教育学院的顶层设计，为全体学生开放教育课程，从全方位的角度出发落实就业创业教育改革的措施。三是整体设计就业创业教育学科建设方案，分三步解决就业创业教育学科归属问题：第一步将就业创业教育发展成高等教育学、教育经济与管理学或比较教育学二级学科下的研究方向；第二步需要深入针对就业创业教育所展开的研究，将就业、职业生涯规划的研究内容进行融合，在原理、方法论、主流研究方向等层面加以创新探索；第三步对相同相似议题的研究方向进行整合，并正式在教育学一级学科下设创业教育学，亦可以管理学为背景设立创业学科目，将就业创业教育学视为其下的二级学科，最终建成就业创业教育学科。

培养人才的首要任务在于尽快组建符合要求的师资队伍，对教师加大培训力度。考虑到就业创业教育并未在当前的高校教育系统中占据主业位置，其边缘化的现状使得管理学院、商学院承载着主要的课程体系建设任务，部分就业中心、学生工作部门由于缺乏专业化的知识储备，在开展高校就业创业教育改革工作时底气不足。部分专业的课程设置由于无法进入专业主流，况且短期内不能取得应有的效益，常常是单枪匹马、孤军奋战。许多教师以自己的原专业获得职称晋升，申请国家科研项目时很难找到准确的学科归属，多以管理学、教育学、经济学、社会学等为范围。学科"漂泊"状态使得从事就业创业教育的教师缺乏学科归属感，对于学者而言，学科就是学术职业，没有学科归属就意味着学术职业失败。因此，迫切需要建设专属的发展平台。创新创业教师的种类主要有三类，一是学院类，二是兴趣类，三是公益类，不同种类的教师需要拥有差异化的发展平台，以突出教师类别优势，满足其个性化职业发展需求。其中学院类与兴趣类的创新创业教师应为其提供丰富的实训资源。而对于公益类的创新创业教师需要针对其理论储备的提升加以培训，加速这类教师由实践向学术方向的转型与过渡。

第九章 职业生涯规划引导下的大学生创业实践

第一节 能力培养

一、参加社团活动

在大学里，由校团委、院团委（二级学院）组织的各类社团活动很多，同学们在搞好专业内各科知识的学习与掌握的同时，可积极参加自己喜欢的各类社团活动，尤其是创新创业活动。一方面，这些活动能够让自己结识更多志同道合的朋友，为在校期间和毕业后步入社会工作和创业建立良好的人脉圈；另一方面，这些活动能够锻炼自己的策划能力、组织能力、沟通能力、协调能力、演讲能力、善辩能力、吃苦耐劳能力，这些活动和工作都是很锻炼个人能力的。

二、争做志愿者

在校期间，同学们可积极参加学校组织的精准扶贫活动，寒暑假赴贫困地区参加支教活动；周末或节假日可以到敬老院为孤寡老人做善事、为残疾人献爱心；可以参加为贫困地区学生募捐助学活动；还可以参加文艺义演、三下乡活动等。

每年，省、市教育主管部门、共青团组织等部门，都面向大学生开展各种进企业、进政府、进乡村的社会实践活动，"青年筑梦计划活动""青年红色筑梦之旅"活动等，同学们可踊跃参加，这对服务社会、锻炼意志、培养能力、结识朋友、扩大交际、蓄养个人正能量等非常有益。

三、参加 SYB 培训

在各地，由省人社厅每年组织的大学生 SYB、SIYB 等培训项目，是由政府出资，对有意向创业的大学生进行不少于 80 学时的创业培训，通过具有授课资质老师从理论到实践的系统培育，会大大增强同学们的创业意识与创新能力。

四、聆听专家讲座

高校每年均会从社会上请来一些知名企业家、创业家、社会名流、专家学者、各行各业的拔尖人才到校讲学，这是拓宽自己视野，了解创业实际的绝好机会，同学们应该抓住机遇、踊跃参加、联系实际、边听边想，或许演讲者的某一句话、某一个观点或某一个案例，就会撬开你创新的脑洞、叩开创业的大门。

五、参加各类大赛

很多高校每年都在开展诸如"创业项目路演"大赛、"创业计划书"大赛、小发明小制作大赛等活动；各省、市／州每年都在做"互联网＋"大赛，各级团组织在做"创青春大赛"等，同学们都可以积极参加，从中受益。还有国家级的"挑战杯大学生创业大赛""中国科学院青年创业大赛"等，对于能拿到一、二、三等奖的同学来说，这无疑具有人生发展的里程碑意义。

六、确定职业目标

大学生除了在校参加以上各类活动外，还要尽早确立自己的职业方向和目标，很多学生到了大三（专科）、大四（本科），还在犹豫是专升本还是考研？是就业还是创业？这些犹豫，无论对考研还是就业都没有好处。如果早早决定考研，那么大学期间的重心是系统地学习，以拿到更好的成绩；如果早早决定就业，那么大学期间的重心可能是实习，学习也是围绕就业相关的知识展开。如果想创业，就积极思考，做好创业的一系列准备。

第二节 市场调研

在校期间，假如你选择了某一行业的某一个项目，创业前一定要积累一些该行业的经验，收集相关的资讯，了解项目市场，打有准备的创业之仗。具体说来，一旦确定创业，且选好了喜欢的某一项目，那么要做好以下工作。

一、可行性市场调研

创业不能蛮干，不可任性，也不能想当然，必须对创业项目做可行性市场调研和分析。

（一）市场调研常用方法

问卷法：就是把想要了解、得到的信息列表，让受访者画"√"或"×"；若条件允许，还可做更细致的问卷。

访谈法：向不同人群的消费者了解其需求与想法，从中得到你所需要的信息。

实验法：将产品先赠予消费者使用，然后跟踪调查，听取其对产品和服务等信息的反馈。

经验推测法：即根据已有的或从旁人那里获悉的经验，去判断该项目的市场存活度和受众群体的各种需求。

观察法：即直接观察被调研对象，收集相关信息。

信息收集法：通过媒体、书籍、报纸、杂志、网络等渠道查询所需要的信息，为项目发展服务。

（二）了解项目的使用人群

要深入市场去了解客户：什么样的人群会使用？他们住在哪里？需要什么样的品质层次？什么样的价位？他们多长时间购物一次？需要什么样的服务？等等。要知道，客户的需求度和购买力对项目的生存至关重要，可以说，没有客户市场，项目企业就成了无水之源。

（三）锁定项目的主流客户

在众多客户中，要知道谁是未来客户的主流群体，他们需要什么？何时需要？其购买习惯有哪些？需要的原因是什么？然后锁定一个或多个群体作为调查项目的主流进行调研跟踪，为项目的营销决策做理论准备和技术支撑。

二、知晓竞争对手

同类项目的竞争对手无疑在与你争夺同一目标客户群体，威胁着你的起步与生存。所以，当你在确定创业项目时，一定要弄清楚竞争对手的市场数量、服务质量、产品价格、推销方式、所用设施、雇员待遇、产品质量、客户群体、口碑效果、优势劣势等情况。同时要倾听受众者的新需求、新建议、新想法，在竞争对手的管理与做派基础上大胆变革、推陈出新，方能创造新的生机，打开新的市场。

三、确立营销计划

当完成了市场调研、了解了竞争对手之后，便可以着手制订市场营销计划了。通常，市场营销计划要遵循 4P 原则，即产品（Product）、价格（Price）、地方（Place）、营销（Promotion）。

（一）产品

即指向客户推销的产品，包括与产品或服务有关的质量、规格、包装、说明书、售后服务等。根据消费群体的不同需求、不同地域，产品又分为主打产品、附加产品、形式产品等。在确定产品策略时，要根据已掌握的市场实际情况，开发客户所需要的产品。

（二）价格

一旦确定产品，生产出产品之后，就要为之定价，即确立产品的价格。这时必须考虑：产品成本；竞争对手同类产品的价格；客户愿意出多少钱购买你的产品；与竞争者产品的价格相比，是等位、高位还是低位。这些要运用市场分析力、研判力、决策力、自信力来做出决断，并一以贯之而实施。

（三）位置

指把产品制造地——厂址选在什么地方，这需要具备一定的选址智慧。一般来说，厂址要选在距离原材料供货商较近的地方，同时也要兼顾低租金的厂房、低成本劳动力、运输方便快捷、顾客购买方便等因素。

（四）促销

促销是把产品或服务信息传输给顾客和社会，以吸引其购买产品和服务的活动。促销的方式很多，主要有：广告促销、人员推销、营业推广等。

就产品销售方式而言，可分为批发销售、零售销售、直接销售（即直销，指制造商直接将产品销售给客户）。需要选择一种适合你的企业的方式。

四、估算销售量

你的获利来自销售数量的多少和销售价格的高低。只有大额的销量，才会带来高额的利润。所以，估算销量是创业中必备的智慧和能力，不可绕过这道弯而去蛮干。通常，估算销量的方法有以下几种。

（一）调查预测法

通过调查产品的潜在客户群，去估算产品销量。

（二）订单预测法

即通过所获取产品合同式订单来预测其销售量，此法适合于制造商、批发商、出口商等。

（三）试销预测法

试着少量销售产品或服务，看看能销售出去多少，从而判断产品销量。

（四）经验判断法

通过在同类产品企业的工作经验，或同行业内人士的介绍，或对市场的洞察与知晓等，从而做出产品销量预判。通过预测销量，可以推测创业收益，以及产品的市场前景。

第三节 物资准备

任何人创业都需要有项目、资金、人才、厂地、市场等，在校大学生创业也不例外。这些资源有些是自己能够拿到的，有些则是需要寻求外在帮助方能获取的，比如市场推广，没有相关的经验和敏感度，很难完成从无到有的飞跃。

一、项目

创业项目要根据自身的喜好、自身的创办能力、消费群体、利润获取的大小、快慢等因素来综合考量，最后决策实施。

二、资金

在校期间，创业者的资金获取渠道主要有以下几种。

自筹：主要来自个人的积蓄资金，家庭的父母兄弟支持，亲戚朋友的借予等。

贷款：对于大学生创业，国家有关于贷款的政策性支持，具体来讲，各省、市的扶持政策各有差异，同学们可主动向学校和人社部门、金融部门咨询。

筹资：在校期间创业，绝大多数是几个朋友、几个校友合伙开办，大家合伙集资、合伙商量、合伙经营，并订立资金共筹、利益共享、风险共担的君子协定。

引入其他资金，合股经营。

三、人才

要创办企业，必须要有人员相助。小微企业规模不大，人员一般由企业主、合伙人、员工等组成。

（一）企业主

企业主是企业的所有者、经营者，即法人。负责全权管理企业，并制定目标、开发产品、实施行动、确保执行、承担一切法律责任和义务。

（二）合伙人

合伙人可以是同学、恋人、朋友、亲戚、家人等。

合伙人之间要职责明确、分工合作；利益分成要明晰，进入与退出机制要明确，在决定合伙创业前，与法人代表签订股份合作协定是很有必要的，这种民间"先小人，后君子"的做派，对企业的成长与行稳致远非常重要。

（三）员工

倘若你与合伙人不能亲自干完所有的工作，那么根据需要聘请员工则在所难免。要招聘员工，得按照国家法律，认真考虑所聘员工的素质条件、工资待遇、岗位职责、生产质量、工长时间、福利险种等问题。员工的招录要经历定岗定责、信息发布、笔试面试（面试选拔）、择优录用、员工试用、员工转正等过程。

四、组织结构

一旦企业有了合伙人和员工，就得思考企业的组织结构与各自的职责分工，以及完成工作的质量要求、奖惩措施等。比如，初建的小企业可以设置经理（企业主）、生产管理、市场管理、行政管理、财务管理等岗位，也可以一人多职，随着企业的扩大，再增添岗位和人手。

五、资金启动

做了市场调研、营销计划，有了人员、各方筹资之后，现在就该启动资金、办理营业执照、租房、装修场地、购买物资、生产加工、出售产品、市场营销了。

在资金运作中，需要考虑投资与流动资金的问题。

（一）关于投资及预测

投资一般可分为固定资产投资、无形资产投资、开办费投资以及其他投资等。投资主要用在租房或搭建公棚，购买器材、机器、办公用具、消防器材、计算机等方面，这些都需要做好购置前的预算预测。

（二）关于流动资金的使用与预测

流动资金是指企业在日常运作中所需支付的资金，它主要用于购买原材料、员工工资、租金、税费、保险费、水电气费、宽带网络费、电话费以及不可预见性费用等。为保证流动资金的使用效果，必须制订现金流动计划，然后合理支取花费。

六、设定利润计划

（一）设定产品销售价格

总成本。计算成本时，一是需要了解自己生产产品或提供服务的成本，二是要预测折旧和摊销的成本等；二者相加即得总成本。

在单位产品或服务总成本之上再加入合理、合法、合情的利润，即可得出产品的销售价格。

（二）预测销售收入

列出企业生产的所有产品或所有服务项目。

预测开业后每个月期望销售的每项产品或服务数量。

月销售收入＝产品价格 × 月销售量。

注意：不含税销售收入＝含税销售收入 ÷ （1+3%）

在开办企业的前几个月，不要期望销量和收入有多高，而是要与团队一起好好总结，提高技术，提升服务质量，搞好市场营销，这才会把企业越做越强。

第四节 创新创业实践

创业知识与实践广泛存在于大学生的学习、生活视野中，只要善于学习，总能找到施展才华的途径，但在信息泛滥的社会里，"去粗取精，去伪存真"也是很重要的。善于学习和总结永远是赢者的座右铭。那么，在校大学生可以考虑哪些实践性项目呢？

一、间接性创业实践

真正的创业实践开始于创业意识萌发之时。间接的创业实践学习主要可借助学校举办的某些课程的角色模拟、情景模拟来参与完成。例如，积极参加校内外举办的各类大学生创业大赛、工业设计大赛等，对知名企业家成长经历、知名企业经营案例开展系统研究等也属于间接性实践的学习范畴。

二、直接性创业实践

直接的创业实践学习主要可通过课余完成，例如，可以在大学校园各楼宇做饮水机清洗消毒有偿服务等，假期在外，可以做兼职打工、试办公司、试申请专利、试办著作权登记、试办商标申请等；也可通过举办创意项目活动、创建电子商务网站、谋划书刊出版事宜等多种方式来完成创业实践。

三、校园代理性创业实践

由于大学生在经验、能力、资本等方面都存在不足，直接创业存在很大困难，而校园代理对经验、资金等方面一般没有太高要求，可以利用课余时间代理校园畅销产品，积累市场经验、锻炼创业能力，做校园代理是一种不错的选择。例如，可以做校园快递，将跨越速运、顺丰速运、邮政 EMS、圆通快递、申通快递、韵达快递、汇通快递、中通快递、宅急送、天天快递等邮件包裹接收，再转送到校内师生手中，每件赚取一元钱，每月也是一笔颇丰的收入。

四、个人开网店创业实践

由于网络购物具有方便性、直观性的特点，越来越多的人选择在网络上购物。一种点对点、消费者对消费者的网络购物模式开始兴起，从国外的 ebay 开始，以国内的淘宝为象征，吸引了越来越多的大学生在网上开店，经营销售化妆品、学习用品、杂志书刊、零食快餐等。

有一个大学生从小喜欢旧书，而且慢慢摸索了一整套修复旧书的技术，于是他毅然辞职，在网上开起了"二手书专卖网店"，经常到成都、重庆、西安、贵阳等地选购旧书，在网上交易销售，现在年收入约 20 万～ 30 万元，且其业务还做到了新加坡、中国台湾地区、中国香港地区。可见，个人网店的前景是非常广阔的。

五、城市嘉年华创业实践

在高校学生的寒暑假，组织艺术、动漫、学前等专业的学生，开展城市cosplay 展，可租用或借用学校的操场，借助人气招揽学生用品摊位、小吃摊，组织城市游乐嘉年华，考虑到安全因素，可以租赁可移动的充气城堡、电动玩具、动漫水世界等城市移动狂欢嘉年华项目等，这些也是很不错的项目实践。

当然，根据各校校情的不同，还有其他很多校内创业项目，有待同学们去挖掘实践。

综上所述，就业和创业，无论是哪个动词，其对象都有一个名词"职业"。按照认知规律，只有了解"职业"的来龙去脉，才有可能去"就业"，乃至创业。如果对职业没有什么概念，也就谈不上就业，更无法谈论创业。因此，可以说，只有了解职业，做好人生的职业生涯规划，才能有的放矢，做好就业，才有可能在力所能及的情况下进行创业。大学生就业创业能力提升是当今社会关注的热点，职业生涯规划是大学生就业创业的顶层设计，是大学生提升就业创业能力的基础和前提。只有设计好职业生涯，才能就好业，也才能成功创业。

参考文献

[1] 蔡建昌，杜荣，张飞．应用型高校大学生学业指导和职业生涯规划实施路径探索 [J]．中外企业家，2019(18)：165.

[2] 陈行．面向大学生就业创业的经管类实验室建设模式探讨 [J]．经济研究导刊，2019(17)：77-78.

[3] 戴颖．大学生职业生涯规划教育的相关思考 [J]．西部素质教育，2018(12)：41-142.

[4] 冯来顺．浅谈大学生职业生涯规划 [J]．产业创新研究，2020(5)：151-152.

[5] 高秋艳．新时代大学生职业生涯规划教育的现状及破解 [J]．中国大学生就业，2020(5)：54-58.

[6] 郭志超．大学生职业规划教育现状及其对策分析 [J]．中外企业家，2018(15)：64.

[7] 韩雅楠．大学生职业生涯规划的现状与对策研究 [J]．戏剧之家，2019(8)：93.

[8] 黄鹏宇．加强大学生就业创业指导的方法研究 [J]．时代教育，2018(5)：91.

[9] 冀虹，李松波，王涛．新形势下心理健康教育在大学生职业生涯规划中的渗透路径 [J]．西部素质教育，2020(6)：87-88.

[10] 李旭．论"新常态"下大学生就业创业服务体系的建构 [J]．湖北函授大学学报，2018(12)：17-18+28.

[11] 李志艳．浅谈大学生就业权益的保障路径 [J]．产业与科技论坛，2019(5)：36-37.

[12] 鲁宇红，唐银辉，闵光琛，等．应用型本科院校大学生职业生涯规划问题与对策研究 [J]．金陵科技学院学报（社会科学版），2015(1)：61-65.

[13] 马光波，单学亮．浅谈辅导员在大学生职业生涯规划中的优势与作用 [J]．

课程教育研究，2017(9)：2-3.

[14] 马英子．应用型本科高校开展职业生涯规划教育的思考 [J]．开封教育学院学报，2018(7)：212-213.

[15] 孟超．大学生职业生涯规划与就业创业教育研究——评《大学生职业生涯规划与就业创业指导》[J]．食品科技，2020(3)：338-339.

[16] 彭剑峰，邱晓辉，胡冬红．新时期大学生职业生涯规划教育现状与对策分析研究 [J]．河北农业大学学报（农林教育版），2012(3)：21-24.

[17] 钱川．高等院校大学生职业生涯选择与规划的实施 [J]．西部素质教育，2019(20)：136-142.

[18] 石娇．大学生职业生涯规划现状及对策研究 [J]．美与时代（城市版），2019(11)：116-117.

[19] 孙浩程．大学生职业生涯规划的影响因素及原因分析 [J]．甘肃教育，2018(7)：4.

[20] 孙晓慧．浅析大学生求职择业的心理问题及调适方法 [J]．科技与企业，2013(23)：295.

[21] 王晶．大学生职业生涯规划教育探析——基于辅导员视角 [J]．才智，2020(3)：100.

[22] 王莉，侯凯升．新时代大学生职业生涯规划教育探索 [J]．文教资料，2020(1)：149-151.

[23] 王宇，李成智．高校思想政治教育与创新创业教育融合途径研究 [J]．思想教育研究，2019(10)：138-141.

[24] 王智，郭珊．大学生求职择业过程中的心理误区及心理调适 [J]．科学大众（科学教育），2011(3)：134.

[25] 韦鸿鹏，唐新来．基于职业生涯规划的高校应用型人才培养研究 [J]．教育与职业，2012(8)：35-37.

[26] 肖舒匀．大学生职业生涯规划中存在的问题及应对策略 [J]．课程教育研究，017(35)：247-248.

[27] 杨彩霞，张丽芳．大学生择业过程中常见的心理问题及调适 [J]．科教文汇（下旬刊），2019(9)：196+202.

[28] 张宝霞，牛绎捷．大学生就业状况及对策研究 [J]．山西科技，2018(4)：119-120+123.

[29] 张方华．面向就业的大学生职业生涯规划教育 [J]．科技资讯，2018(35)：55-256.

[30] 张扬．高等院校大学生职业生涯规划教育的理念转换［J］．智库时代，2019(52)：58-59.

[31] 张玉香．心理健康教育对大学生职业生涯规划的价值研究［J］．上海师范大学，014：70.

[32] 赵振义．当代大学生就业创业特点、现状与路径探析［J］．科学咨询：科技·管理，2018(7)：33-34.

[33] 赵梓丞，曹迎．大学生职业生涯规划指导存在的问题与对策［J］．高等工程教育研究，2019(6)：114-117.

[34] 周家华，黄苏芬．大学生职业生涯规划与高校和谐校园建设［J］．赤峰学院学报（自然科学版），2010(7)：188-190.

[35] 朱钧陶．基于职业生涯规划教育的大学生社会责任感培养实证研究［J］．中国成人教育，2018(11)：63-66.